最新理論から発見！
隠されていた成功法則

POWER OF WORDS

言葉の力を高めると、夢はかなう

渡邊康弘
Yasuhiro Watanabe

サンマーク出版

プロローグ

「書いても、書いても、かなわなかった」夢をもつすべての人へ

言葉に宿る「力」を高めれば、夢は必ずかなう

夢は「言葉」にして紙に書くと動き出す。もう一度、言うよ。

夢は「言葉」にして紙に書くと動き出す。そう。言葉にすると実現し出すんだ。

「たったこれだけ？」

そう。これで、私はさまざまなことを実現したんだ。


いまから15年前、私の人生ではじめてのどん底だった。大学の受験に2度も失敗。仲のよかったと思う友人は、音信不通。体重も20キロ増。自信がなくて、だれにも

会いたくなかった。人生が詰んだような気がして、もうすべてを終わりにしようとまで考えていた。

でも、ある1冊の本との出会いが私を変えた。

その本のおかげで、本を速く読めるようになった。それから、私は、「ダメな自分を変えたい」「自信をもちたい」「仲間がほしい」「やりたいことを見つけたい」「好きなことで稼ぎたい」と望み、むさぼるように本を読みつづけた。

そして、願望実現の本に書かれていた**「夢を言葉にして紙に書く」ことを実践したことで、奇跡的なことが起こりはじめたのだ。**

でもここで、あなたはこんなことを思ったのではないだろうか？

「書けばかなうなんて、そんなこと、多くの本に書いてあるじゃないか！」

「結局、書いたってかなったことない！」

怒りたい気分はわかる。だけど、ちょっと私の話を聞いてほしい。

ここには、隠された秘密の法則があるんだ。

私は夢を書くことで……。

友人ができる。恋人ができる。なんとか入った大学で、ほとんどの科目がトップになる。ありえないお金が入ってくる。会いたい人に会える。行きたい場所に行ける。やりたい仕事ができる……。どん底からは考えられない奇跡的なことが起こりはじめた。

もちろん、ただ書いただけじゃなかった。気づかないうちに、私はある方法を加えていたんだ……。**その方法とは、言葉に宿る「力」を高める方法だ。**

最新理論から導き出された！　言葉の力を高める方法

あるとき、ある日本のトップアーティストから、**すべての言葉一文字一文字には「神が宿る」**と教えてもらった。

言葉を司《つかさど》るアーティストなので「言葉には神が宿る」と、直感的にも、そう理解されていたのだろう。これがヒントだった。

古来日本でも、神様のメッセージをイメージで受け取る「神託」を、「和歌」という言葉にしていたそうだ。

言葉には、やはり物事を実現させる秘密がある。

私は、自ら生み出した「レゾナンスリーディング」という読書法で、書籍を速く、なおかつ深く大量に読むことができる。

この手法で、ビジネス書から、世界の神話、宗教、脳科学、認知心理学、量子物理学について2万冊以上、読み学び実践している。さらに、毎週、毎月出版されつづける週刊誌、女性誌、コミック誌までも読み込んでいる。

のちほどくわしく紹介するが、**ベストセラー小説やヒット映画がなぜ、多くの人を虜《とりこ》にするか……それを分析した最新理論と、最新の脳科学、量子物理学や心理学のエビデンスから、だれもいままで気づかなかった、「隠されていた究極の成功法則」を導き出した。**

そして、ついにこの本でお伝えする言葉に宿る「力」を高める方法を見つけ出したのだ。

それは、まさに**「言葉一文字一文字に宿る神を呼び覚ます」方法だ。**

ただ、この「力」に気づいたのは、あとになってから。

それまでは私も直感的に、言葉に宿る「力」を増幅させる方法を行っていた。無意識に、言葉の力を感じ取り、言葉の力を高めていた。

私はさらに、願望を加速して成就させていく。立ち上げに関わった会社で、ゼロから8億円の事業を創出。その後、東証マザーズに上場。

経営コンサルタントで著名な神田昌典氏の事業パートナーを務めたのち独立。独立後は、1年にして売上2000万円を達成。多くのクライアントを成功に導く。売上が何倍にも上がった企業、億超えの企業も多く手がけてきた。

けっして、私は優秀だったわけではない。大学受験は2浪しているし、入ったのは二部。20歳までで見たら、私より優秀な人はいくらでもいるだろう。

では、私とその他大勢の人との違いはなんだったのか?

ただ、私がやったことは、シンプル。**「言葉」にして紙に書いただけ。その「言葉の力」を高めただけだ。**

夢を書いてかなえている人は、知らずに「ある力」を加えている

もちろん、これが私だけに起こったことなら、あえて本にまとめない。

最新理論によって、この方法を構築する過程で、**実際に、この方法を恐るおそる仲間に伝えたら、みんな夢がかなっていったんだ。**

しかも、小さいことから、大きいものまで実現していた。

「会社を上場できました。運よく、自社株も購入できて数十億の資産ができました」

「結婚は正直あきらめていましたが、理想的な人に出会えて、結婚できました」

「びっくりなことに思い描いたとおりの、マンションを購入することができました」

「起業後、すぐに100社近いクライアントが集まりました」

「テレビ出演することが決まりました」

「出版すると、各種メディアが取材。売上が倍増しました」

正直恐ろしいのは、だれにでもできてしまうことだ。

夢をかなえられるかどうかは、紙に書くか、書かないか。それだけの違いでしかない。そして、効果的に夢を書いてかなえている人は、知らずに言葉に宿る「力」を高めているのだ。

もし、あなたが私と同じように、過去、受験で悩んだり、何かの失敗があったり、トラウマをもっていたり……もしくは、そうした子どもの親だったりするならば、私はうれしい。

なぜなら、この本は、そうした方々のために書いたからだ。

これから、もう少しくわしくその言葉の力を高める秘密をお話ししよう。

言葉の力を高める「MUSEの法則」

言葉の力を高める法則を「MUSE（ミューズ）の法則」という。「ミューズ⁉ んん、薬用せっけん？」と思っただろうか？


MUSEとは、インスピレーションの女神、夢をかなえる女神のこと。ミュージックの語源。

元は、ギリシャ神話の全能の神ゼウスの娘、9人の総称だ。古代ギリシャ人は、そのミューズからの恩恵を受けようと、物語をこのミューズからはじめた。

この女神にちなみ、「MUSE」という4つの文字それぞれではじまる単語から、言葉の力を高める法則をお伝えしよう。

言葉の力を高める「MUSEの法則」

M（Manifest）：紙に言葉で書き、明らかにする

U（You are the Universe, Thank U）：未来のあなたの「体の状態」になりきり、感謝する

S（Scene）：未来の「シーン」を映像で浮かべる

E（Emotion）：達成したときの「感情」で味わう

つまり、夢を加速度的に動かし、言葉の力を高めるためには、**未来のあなたの「体の状態」になりきり、未来の「シーン」を映像で思い浮かべ、達成した「感情」を味わいながら、紙に言葉で書き、宇宙に明らかにし、感謝することだ。**

確かにこれまでの成功哲学のように、自分の夢を言葉にして紙に書くだけでもかなう。しかし、この4つを意識して書くだけで、夢は加速度的に動く。

紙に書いてかなう夢は、その実現へ向かって脳を自動的にプログラミングする。

この脳の設定を変えるプログラミングの手法が、「MUSE」の法則に基づいた、言葉の書き出しだ。

だけど、知らないがゆえに、大きな落とし穴にハマっている人も多い。かなわない夢は、夢とは真逆の現象を生じさせ、障害だらけになってしまう。

いくら書いてもかなわないのは理由があった

かなわない夢の仕組みの多くは、「MUSE」が入っていないことなんだ。

つぎのようにMUSEの法則と真逆になっている。

書いてもかなわない夢の4つの特徴

1　具体的な言葉で明らかになっていない
2　未来の状態でなく、現在の視点で思考している
3　具体的な情景、シーンがわからない
4　感情が存在しない

たとえば、夢は「ハワイに行きたい」ではなく、「ハワイ島に行って『フォーシーズンズ』に宿泊する」といったように、断定し、具体的な言葉にする必要がある。

また、「ハワイに行きたい」は、現在視点の思考。夢をかなえている自分の未来の状態をイメージしたら、もしかしたらパリの「ルーブル美術館」に行っているかもしれない。すると、「ハワイに行く」という夢はかなわない。

また、ルーブル美術館といっても、なんとなくのイメージではなく、「『モナ・リザ』を鑑賞する。フランス語や、中国語、英語など多言語が聞こえている」など、**視覚的情報だけでなく、聴覚、味覚などを想像したシーンが重要だ。**

そして、絵の美しさや重厚感に「感動する」「胸がいっぱいになる」など**感情が必要。感情がないと、言葉の力は目覚めず、あなたの夢は実現しないのだ。**

そう、このようにMUSEの法則の中でも、「E（感情）」と「S（シーン）」は特に重要なのだ。それは、映画や小説などのヒット作の秘けつでもあったのだ。

ヒット作の「秘密」は隠された願望実現の法則でもあった！

『君の名は。』『天気の子』など大ヒット作の監督新海誠。

しかし、『君の名は。』まで大ヒットには恵まれなかった。そのため新海監督は、大ヒット映画を生むために努力をした。

そのひとつが、波線になっている**「感情グラフ」のようなものを作ったことだ。時間軸の中で、観客の感情・テンションの変化を捉えようとした**ことをツイッター、テレビ番組の「世界一受けたい授業」で公表している。

ツイッターで公開しているそのグラフを見ると、横軸を「時間（各シーン）」、縦軸を「観客の感情・テンション」としている。

また、映画『君の名は。』のヒットと同じ時期、海外で1冊の本が話題になった。

それはスタンフォード大学のマシュー・ジョッカーズ教授の『ベストセラーコード』（ジョディ・アーチャーとの共著）だ。ジョッカーズ教授は、ビッグデータを使って実験を行った。**その実験は、5000もの小説をデータ化し、テキストマイニングという手法で分析。**

その結果、ベストセラーには、ある共通項があるとわかった。

それは、**読者の「感情」を揺さぶる「シーン」がほどよく組み込まれた小説ほど、ベストセラーになるということだ。**

同書によれば、『ダ・ヴィンチ・コード』も、『ドラゴン・タトゥーの女』や『トワイライト』シリーズもみな、感情を揺さぶるシーンに富んでおり、データ上からも、ベストセラーになるということがわかったという。

本を速く読めるだけでなく、夢までかなった人が続出

この新海監督の例と、『ベストセラーコード』からも、感情を揺さぶるシーンがカギだとわかるだろう。

では、「作品のヒット」と「夢をかなえること」と、どんな関係があるのだろう？

じつは、新海監督の感情グラフと、私の速読法は似ている。先ほど紹介した「レゾナンスリーディング」の速読法だ。**この「レゾナンスリーディング」の読書マップと、新海監督の感情グラフは似ているのだ。**

レゾナンスリーディングは、縦軸が「感情」、横軸が「本のページ数」という、三幕構成のマップに波線を描いてその波線に基づいて本を読む。それだけなのに、速読マスターと同レベルの速さで、いきなり読めて内容を忘れない。驚きの読書法だ。**「感情の揺れ動きが生じたものは忘れにくい」**こともエビデンスでわかっている。

このレゾナンスリーディングの実践者からは、**なぜか本が読めるようになるだけでなく、夢がかなったという報告も多い。**

当初、その秘けつは、本で得た内容を「行動計画」に落とし込み実践することにあるのではと思っていた。確かにそれも一部だった。

しかし、**この『ベストセラーコード』の研究から、「感情」と感情を生み出す「シーン」こそが、夢をかなえる秘けつだとわかった。**

これこそ、いままで注目をされていなかった「夢をかなえる隠された秘密」だったのだ。

脳はデータを「ストーリー」で保存する

夢をかなえた人のセリフには共通項がある。

地方の有力企業で執行役員に昇進した人はこのように言っていた。

「僕は、なぜか、役員になっているような気がするんだ。なんかね、そのシーンが具体的に見えるんだ」

ベンチャー時代の同期で、上場企業の役員はこう言っていた。

「自分は会社を大きくして、東証の鐘を鳴らしているシーンが見えた」

私もそうだ。**事業で成功するときは、なぜか、具体的にその分岐点となるシーンが具体的に浮かんでいる。**イケてる事業のときは、いやらしい話、「チャリンチャリン」とお金の音が聞こえてくる。

夢をかなえるのに必要なのは、夢をかなえるための方法、「HOW（どうやって）」

ではない。**大事なのは、その一つひとつの節目となる「WHAT（何を）」のシーンにある。**

スイスの実業家ロルフ・ドベリは、日本でもベストセラーになった『Think clearly 最新の学術研究から導いた、よりよい人生を送るための思考法』の中で、このようなことを言っている。

「コンピューターは、生データの最小の情報単位であるビットで保存する。それに対して脳は、生ではなく加工したデータを保存する。お気に入りの保存単位も『ビット』ではなく『ストーリー』だ。脳には800億の細胞があるが、私たちの見るもの、読むもの、聞くもの、匂いや味わうもの、考えることや感じることをすべて保存するには足りない。そこで、脳は、データを圧縮するコツを生み出した。それが『ストーリー』を作ることである」

脳は、ストーリーを現実とみなす。何かを思い出そうとするたびに、断片的なシーンを復元する。

全世界累計2700万部の本の著者アラン・ピーズ&バーバラ・ピーズは、著書

『自動的に夢がかなっていく　ブレイン・プログラミング』の中で、RAS（網様体《もうようたい》賦活系《ふかつけい》）という脳の部位が夢をかなえるのに影響を与えていることを取り上げた。このRASで、私たちは大量にある情報を取捨し、現実を決めている。

このRASに影響を与えるのも、やはりストーリーだ。

脳は頭でありありと想像したストーリー、いわゆる妄想やイメージと、現実を区別できない。頭で描くストーリーを現実とみなしてしまう。

だから、よく願望実現や自己啓発の本では、ビジュアライゼーションや視覚化が重要だという。それでも、ビジュアライゼーションや視覚化にチャレンジしたのに、うまくいかなかったという話は多いものだ。

苦労して、やりたいことを書き出して、イメージしたのにうまくいかない。いったい何が重要なのだろうか？　その重要な要素、それが「感情」と「シーン」。

ストーリーは、「感情」と「シーン」の連なりで作られる。

感情とシーンが加えられて、ビジュアライゼーションは、より明確になり、長期的な夢をかなえるものとなる。

長期的に夢をかなえる「EMPOWERの法則」

言葉は、ただの言葉で終わらない。

それを連ねることにより物語になる。だから、『古事記』も『聖書』も、ストーリーなのだ。この本でお伝えするのは、あなたの言葉の力を高め、夢をかなえるストーリーだ。

そのストーリーとは、典型的な7つのシーンで構成される。世界各国の神話や映画、小説、歴史、起業家のストーリーから私は導き出した。

私はその7つのシーンがあるシナリオを「EMPOWER（エンパワー）の法則」と呼んでいる。

このEMPOWERの法則で考えてみると、**いとも簡単に、「あなたの夢をかなえる物語」ができてしまう。**

本書では、一刻も早く、あなたに夢を実現してほしい。もう、早く結果がほしいという人は、先につぎの7つのシーンの質問に答えてしまってもいい。

長期的に夢を動かす「EMPOWERの法則」

E（Emergency）：緊急性のシーン

あなたは日常の中で、毎日に不満を抱えているか、夢へのあこがれを抱いている。緊急度の高い出来事に遭遇したとき、夢が動き出す。

「あなたの夢が動き出す、緊急性の高いポジティブな出来事とは？」

M（Mentor & Muse）：メンター&ミューズの登場のシーン

夢をかなえるもっとも確実な方法は、すでにかなえた人に会うこと。その人に会って、教えてもらい、それをそのまま実践すれば、大抵のことはかなう。

「あなたの夢をすでに達成している人に出会うとしたら、どんな人物で、どんな場所で出会っているだろうか？」

P（Problem & Power）：障害とパワーの発現のシーン

新しいことにチャレンジすると、不思議といつも同じような障害にぶち当たる。パートナーの反対、同僚の反対といった外的障害や不安、恐れといった内的障害も起こる。

「新しいことにチャレンジしたとき、いつも起こる障害とは？」

「障害を乗り越えるきっかけとなる力は何か？」


O（Organize）：新たな仲間との出会いのシーン

障害を乗り越える過程で仲間に出会う。夢はひとりでかなえるものではなく、仲間と共にかなえるものだ。

「あなたの才能を支えるチームメンバーや仕組みとは？」


W（Wanted）：新たな才能に目覚めるのシーン

チームができるからこそ、個が埋没してしまう。自分自身の新たな力や経験が必要になってくる。その力とはいったい何か。

「チームを乗り越えて、さらなる高みへと自分を成長させるために必要なこととは？」

「どんな分野の圧倒的なナンバーワン、オンリーワンになっているのか？」

E（Encounter）：最大の難関の出現のシーン

夢をかなえるための最大の難関にぶつかる。難関という疑似的な死を通して、人間的に大きな成長を遂げる。

「あなたの夢で最大の難関はどんなことだろうか？」

R（Resonance）：新世界の誕生のシーン

あなたが夢をかなえることで、新たな世界が誕生する。その世界は、あなたという存在の才能が開花することで、だれかが癒されたり、救われたりする世界。

「夢をかなえることで、あなたの人生はどのように変化するのだろうか？」

「あなたが才能を開花させることで、切り拓《ひら》かれる世界はどんな世界だろうか？」

さあ、それでは、一つひとつの秘密を解き明かし、言葉の力を高めながら、あなたの夢をかなえるストーリーを作っていこう。

言葉の力を高めると、夢はかなう　目次

プロローグ

「書いても、書いても、かなわなかった」夢をもつすべての人へ

CONTENTS

前章

夢は書くだけで実現する……でも、「何を書いたらいいかわからない」というあなたへ

第1章
〈EMPOWERの法則〉1
緊急性のシーン

E

第2章

〈EMPOWERの法則〉2

メンター&ミューズの登場

M

第4章

〈EMPOWERの法則〉4

新たな仲間との出会い

第5章

〈EMPOWERの法則〉5

新たな才能に目覚める

第6章
〈EMPOWERの法則〉6
最大の難関の出現

E

装丁：井上新八
本文章トビライラスト：平尾直子
本文デザイン・DTP：斎藤充（クロロス）
編集協力：株式会社ぷれす
編集：金子尚美（サンマーク出版）

夢は書くだけで実現する……でも、
「何を書いたらいいかわからない」
というあなたへ

前章

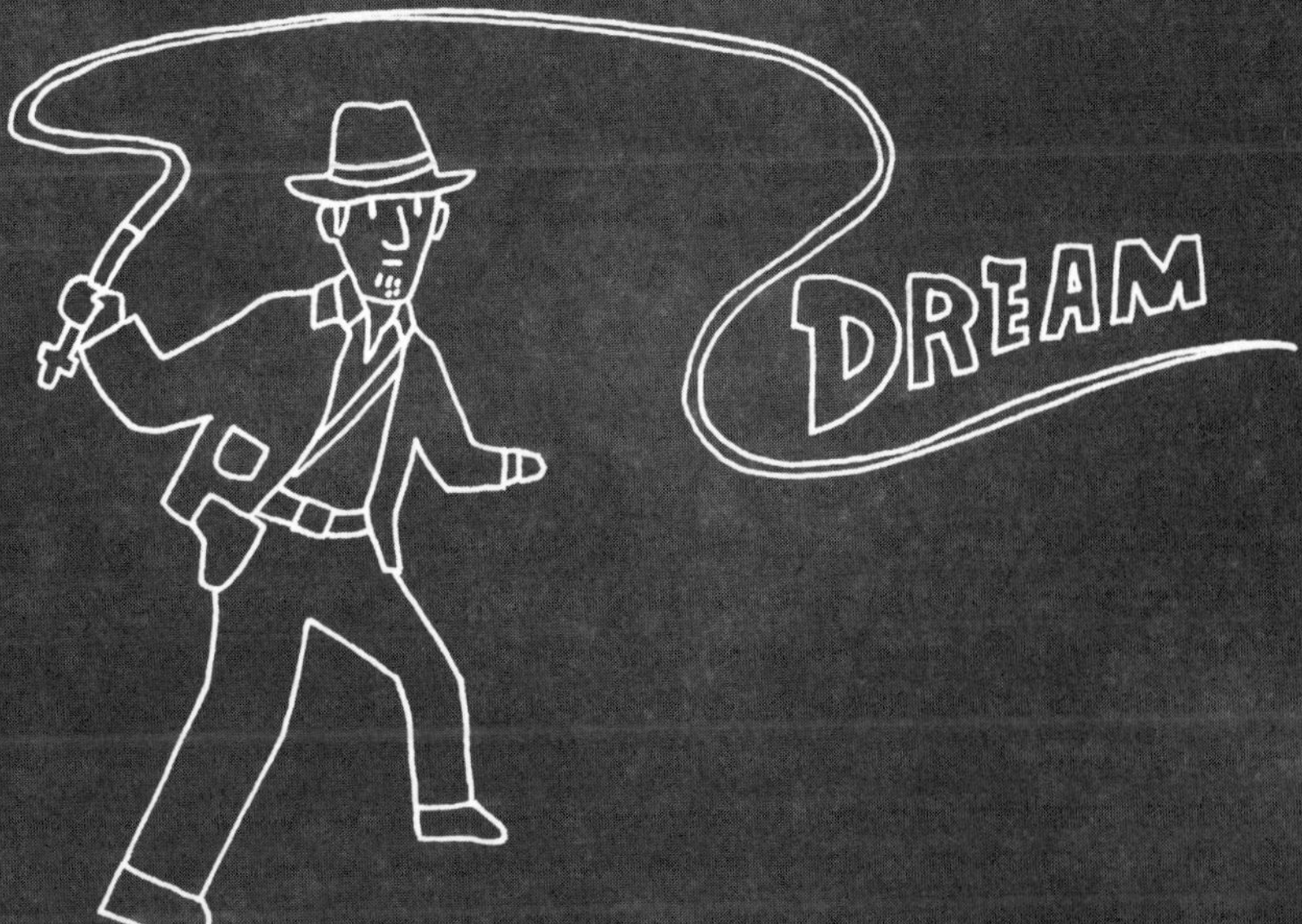

心の中の口ぐせ「セルフトーク」が現実を作り出す

心の中の言葉が現実を作る。

心理学者であり、コーチング創始者であるルー・タイスは、著書『アファメーション』の中で、**頭の中で繰り返される言葉である「セルフトーク」が現実を作る**と言っている。

「セルフトーク」は心の中の口ぐせだ。

あなたが日常の不満を心の中で抱きつづければ、それが現実になりやすくなる。

あなたが、繰り返し頭の中で思い浮かべる不満は、どんな不満だろうか?

その不満の解決は、あなたの成功へとつながる。

頭の中では過去の「成功」だけを再生し、「これが私だ。つぎにも同じことを繰り返そう」と自分に語りかけよう。そうした思考が成功を育てるんだ。

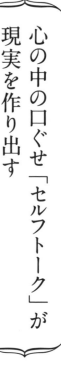

でも、不満はすぐに思いついても、

「書くとかなうといっても、何を望んでいるのかよくわからないんです」

こういう人もたくさんいるんじゃないかな。

もちろん、「そもそも、書くだけでかなうというエビデンスはあるんですか？」という人もいるだろう。

だから、この章では「本当にあなたのやりたいこと」を見つける方法と、「書くだけでかなう」仕組み、エビデンスをお話ししていこう。


まず、夢をかなえるために大事なことは、覚えているかな？

そう、「MUSEの法則」だったね。もう一度おさらいしよう。

M（Manifest）：紙に言葉で書き、明らかにする
U（You are the Universe, Thank U）：未来のあなたの「体の状態」になりきり、感謝する
S（Scene）：未来の「シーン」を映像で浮かべる
E（Emotion）：達成したときの「感情」で味わう

書くだけで夢が動き出す その証拠とは？

まず、「M（Manifest）：紙に言葉で書き、明らかにする」について、解説しよう。

「ワクワクを紙に書く」「なりたい自分を紙に書く」「夢を紙に書く」

自己啓発書には、よくこう書いてあるけど、「あやしい」と思う人も多いだろう。

大抵の自己啓発は、著者の個人的な経験だ。海外のものは、聖書に基づいた内容がほとんどだ。

こんなので「夢がかなうのか？」「成功できるのか？」「その再現性は？」。

こう思うのも無理はない。私もそうだった。しかし、いま科学的論文や、エビデンスが充実している。

じつは、「夢を書き出す」だけで、夢はかなうというエビデンスもある。

たとえば、ノーベル賞を受賞した心理学者のダニエル・カーネマンの研究。

彼の研究では、**単にほしいと望むだけで、実際にそれを手に入れやすくなる**ことがわかっている。

一流大学入学時から20年間にわたり1万2000人を追跡調査した結果、**18歳の時点で「お金は大切だ」と答えた人は、そう答えなかった人に比べ20年後、豊かであることがわかった。**このことから、「目標をもつことが大きな違いを生む」とカーネマンは断言している。

また、こんな事例もある。ドミニカン大学カリフォルニア校で、心理学を教えるゲイル・マシューズ教授が、目標の達成率に関する実験を行った。

267人の参加者を集め、目標を手書きにしたときの達成率と、キーボードでタイプしたときの達成率を比べたのである。

すると、**手書きをするだけで、達成率は42%も上がる**ことがわかった。

手書きにするだけで、達成率がこんなにも上がるなんて驚きだろう。

全世界2700万部を超える、ベストセラーの著者のアラン・ピーズ、バーバラ・ピーズによると、文字をキーボードでタイプするときに必要な指の動作は8種類しかないという。

しかし、**手書きするときに必要な指の動作は1万種類もある。そのため、脳で働く神経もずっと多くなる。**手書きが目標達成率に大きく影響を与えるのは、このためだという。

どうだろう。書き出すだけでも、実現する。

エビデンスが物語っている。

さっそく書こうと思った人もいるだろう。でも、何を書いたらいいだろう……と悩んだ人もいるかもしれない。それをまず見つけていこう。

自分に語りかける言葉を変えて、脳を再設定する

「心から、これやりたい」

「ワクワクしてしょうがない」

ワクワクは、天からのインスピレーション。……というと、ちょっと言いすぎか

もしれないけど、それはだれにだってある「自分の心の声」。

でも、ワクワクに関する悩みは意外に多いものだ。

「ワクワクがTODOリストになってしまう」

「目標が抽象的になってしまう」

「ワクワクや本当にやりたいことを書き出そうとすると、なかなか出てこない」

「長期の未来のワクワクが出ない」

だれにだってあるはずなのに、**いざ、やりたいことやワクワクを書き出すワークをやってみようとすると、急に手が止まる人も多い。**

私は長年、やりたいこと、「ワクワクのワークショップ」を行ってきて、受講生の悩みは大きく3つあることに気づいた。

1 やりたいこと自体、思い浮かばない
2 本当にやりたいことなのかわからない
3 大きいやりたいことをどう実現していいのかわからない

その理由は、言葉にある。

私たちは、小さいときからこんな言葉で夢をつぶされてきた。

「わがまま言っているんじゃないの」「もう大きいんだから、しっかりしなさい」
「おねえちゃん（おにいちゃん）なんだから、がまんしなさい」
「そんなのだれもできないのよ」「ちゃんと勉強して、いい大学に入りなさい」
「悪い子ね」「うちにはお金ないんだから」「あなたにかまっている暇はないの」
「なんで、隣の子はできて、うちの子はできないんだろう」
「親の言うことを聞きなさい」

こういう言葉を浴びせられつづけた私たちの脳は、これらの言葉そのままに「わがままを言ってはいけない」「しっかりしなきゃ」「がまんが大事」「自分にはできない」「お金がないとできない」「〇〇さんのようになる」……と、設定されてしまっている。そのため、自分の好きなことやワクワクすることを思い浮かべるのが苦手。

やりたいことを書けば実現すると言われても、難しいのだ。

だから、私たちは、普段使っている言葉そのものを変える必要がある。

自分に語りかける言葉を変えて、脳を再設定する。

少しずつ、小さいことを書き出して変えていくことが大事だ。

「ワクワクの飢え」を身近な小さなことで満たしていく

「やりたい」「ワクワク」という欲は、胃袋に似ている。

たとえば、あなたはとても空腹状態だとしよう。

こんなとき、お腹《なか》に入れるのは何だってよくないだろうか？ コンビニ弁当でもおにぎりでも、とにかくこの空腹を満たせるのであれば、何だっていい。そんなことはないだろうか？

ワクワクも同じだ。いきなり、大きいワクワクや未来を思い浮かべようとしても、そうはいかない。だって、ワクワクの胃袋が空っぽだから。

このとき、ワクワクの書き出しを行えば、自分のやりたいことも出てこないのかと、ガッカリする。

こんなときは、**身近なことや小さなこと、現在のワクワクを考えることが効果的だ。**どんなワクワクでもいい。やりたいことを書いてみる。

「映画を見たい」「カフェに行きたい」「レストランに行きたい」「文具を買いたい」「手帳を買いたい」「本を読みたい」「美術館に行きたい」「友だちとごはんに行きたい」「服を買いに行きたい」「神社に行きたい」「ゆっくり寝たい」「デートしたい」……。

なんだっていい。どんな小さなことでも、まず書き出してみる。少しずつ書き出す。すると、しだいに、ワクワクの飢えが収まってきて、いろんなことが思いついてくる。少しお金のかかることや、時間のかかることが浮かんでくる。

浮かんできたら、言葉を「～したい」から、断定形「する」か、完了形「した」にする。

「映画を見る」「カフェに行く」「国内旅行に行く」「海外旅行に行く」「一流ホテルに泊まる」「体重を落とす」「毎日運動する」「ヨガをする」「毎日筋トレする」「テニスをはじめる」「バイオリンを習う」「パソコンを買う」「自炊する」「ブログを毎日書く」「プロフィール写真を撮ってもらう」「本を年間100冊読む」……。

こんなふうに書き出してみると、**ちょっと無理かなということも具体的に思い浮かんでくる。**思い浮かぶままに書き出してみる。

「ハワイ島に行く」「ザ・リッツ・カールトン京都に泊まる」「伊勢神宮に行く」「ブロードウェーにミュージカルを見に行く」「宝塚大劇場の最前列で観劇する」「子どもたちとクルーズ旅行をする」「フルオーダースーツを作る」「パートナーと黒川温泉に旅行する」「コミュニティカフェを開業する」「ホノルルハーフマラソンを完走する」「東京マラソンを完走する」「日経ウーマンで連載をもつ」「フリーランスになる」「エステサロンを所有する」「月2回、日本を旅しながら講演をする」「年収1000万円になる」「本業以外に収入の柱をもつ」「ファーストクラスで海外旅行する」「英語で日常会話できる」「本を出版し、ベストセラー作家になる」「パートナーと幸せな家庭を築いている」「本が1万冊入るオフィスをもっている」「フルサイズ一眼レフカメラを購入する」「BMWを購入する」「エルミタージュ美術館に行く」「国際ブックフェアに行く」……。

まず、どんなことがいまのあなたがワクワクすることなのか考えてみること。

ワクワクの胃袋を満たすと、少し余裕ができて、未来のことを考えることができる。書き出したら、今度はそのワクワクを動かしてみよう。

書き出したワクワクを確実に具現化する方法①

ワクワクは書き出したあとが大切。

書いたワクワクを分類して、かなえやすい状態に加工しよう。そのためには、つぎのステップをやってみてほしい。

ワクワクのリストを具現化するステップ

ステップ１　夢の分類

ステップ2　願望実現のマトリックス
ステップ3　「すること（DO）」「所有すること（HAVE）」
「であること（BE）」
ステップ4　実行計画

ステップ1の「夢の分類」から解説しよう。

夢と一概に言っても、幻想↓夢↓目標↓予定の4段階に分かれる。これは、よく自己啓発のセミナーで取り扱われる。

幻想は、何も実現しない状態。

夢は、幻想の具体化。

目標は、夢に日付が入ったもの。

予定は、目標が習慣化したもの。

このようにわけられる。


つぎにステップ2の「願望実現のマトリックス」を解説しよう。

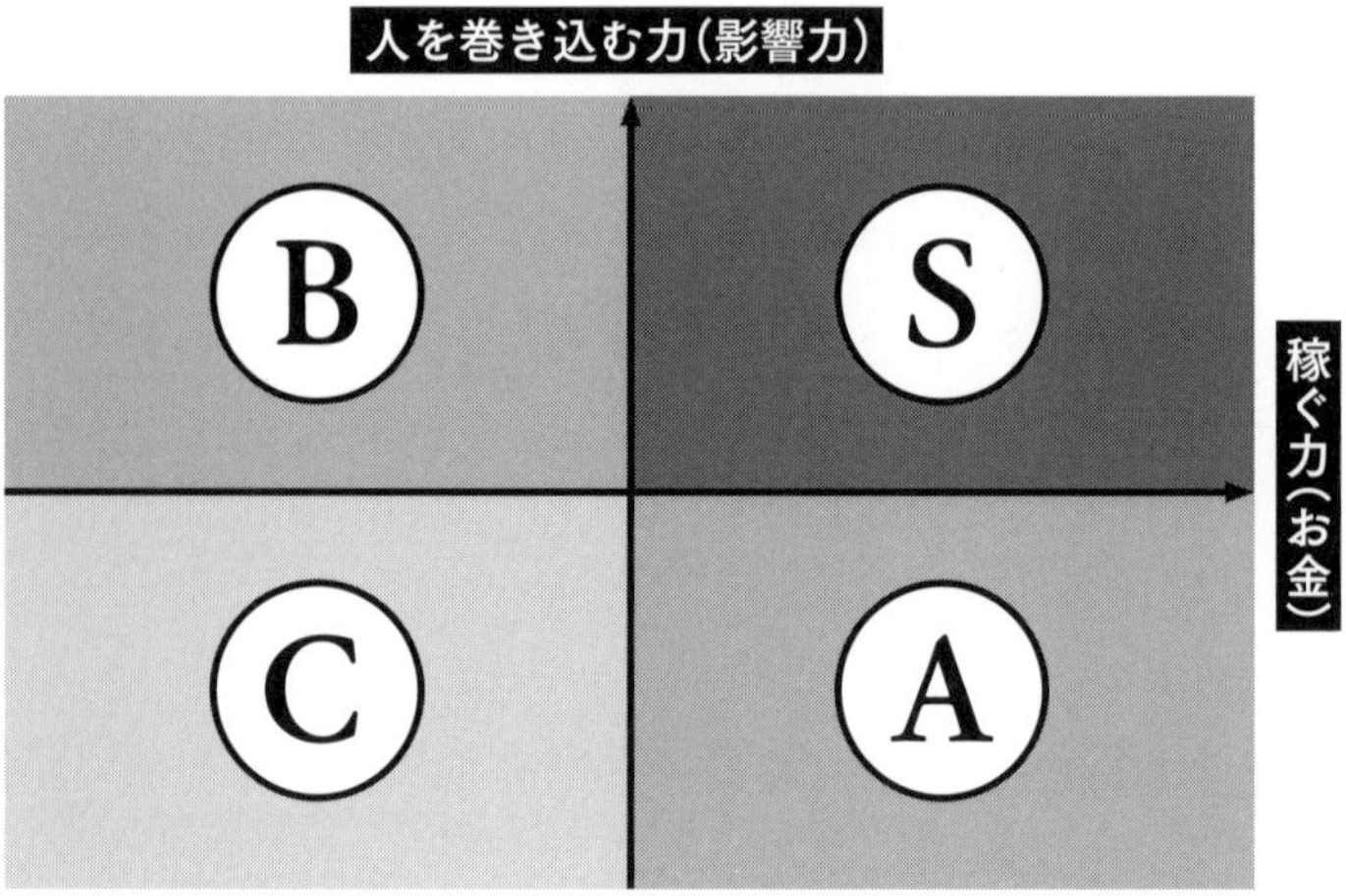

夢は、横軸「稼ぐ力」（お金）と縦軸「人を巻き込む力」（影響力）で分類でき、この分類で、可能性度合いを見ることができる。

C：ひとりで可能でお金のかからないもの
B：多人数でお金のかからないもの
A：ひとりで可能でお金のかかるもの
S：多人数で可能でお金のかかるもの

ここで重要になってくるのは、お金のかからないものと、お金のかかるものの線引き。あなたはいくらのお金だと無理なくすぐ使えて、いくらのお金だと、負担に思うのか？

これを調査したところ、どんな年代も1か月に平均2万円までなら無理なく出せることがわかった。学生も、社会人も、結婚したての夫婦、主婦も2万円なら、なんとかなる。

しかし、2万円以上は負担になる。だから、20万円、30万円のものを買うには、10か月、15か月何かをがまんして貯《た》めることが必要。

書き出したワクワクを、C、B、A、Sと分類しよう。

分類する際に、どれくらいの予算が必要かイメージできないものは、調べる。そして、**だいたいいくらするのかという予算を書く**のが大事なのだ。

書き出したワクワクを確実に具現化する方法②

ステップ3の「すること（DO）」「所有すること（HAVE）」「であること（BE）」を解説しよう。

あなたが書き出したワクワクを、「すること（DO）」「所有すること（HAVE）」

「であること（BE）」に分類する。これは、マイク・マクマナス著『ソース』の夢や願望の分析方法だ。たとえば、このようにわける。

DO：「ハワイ島に行く」「ザ・リッツ・カールトン京都に泊まる」「伊勢神宮に行く」「宝塚大劇場の最前列で観劇する」「子どもたちとクルーズ旅行をする」「ホノルルハーフマラソンを完走する」「国際ブックフェアに行く」

HAVE：「BMWを購入する」「フルオーダースーツを作る」「エステサロンを所有する」「フルサイズ一眼レフカメラを購入する」

BE：「パートナーと幸せな家庭を築いている」「年収1000万円になる」「英語で日常会話できる」「本を出版し、ベストセラー作家になる」

こうやって見てみると、本質的なものは、「こうありたい」という自分の姿（BE）だと確認できる。

本当のワクワク、心からのワクワクは、DOやHAVEにはなく、「こうありた

い」というBEであることが多いからだ。

そして、最後のステップ4「実行計画」だ。

ワクワクリストの中から、ひとつずつ選んで、実行する計画を立てる。

DOやHAVEは1回で終わるものが多いので、考えやすい。

ワクワクリスト実行計画

ワクワク　：ワクワクリストから体験したいことを選ぶ
小さな1歩：最初の行動
2歩目　　：つぎの行動
3歩目　　：そのつぎの行動
いつ　　　：いつ行動するのか
どこ　　　：どこで行動するのか
所要時間　：どのくらい時間がかかるのか

予算　：どのくらいの費用がかかるのか
だれ　：だれと一緒に行くのか
感情　：どんな感情を得られるのか

たとえば、私は、ドイツフランクフルトの国際ブックフェアに行くというワクワクをかなえたとき、こういうふうに考えて実際に行った。

ワクワク　：国際ブックフェアに行く
小さな1歩：ドイツ行きのチケットを調べる
2歩目　：500円玉貯金でお金を貯める
3歩目　：航空券の予約、宿泊施設の予約
4歩目　：現地に行く
いつ　：2017年10月
どこ　：ドイツ、フランクフルト
所要時間　：トランジットで約20時間

予算：航空券10万円前後、宿泊10万円前後
だれ：ひとり、現地で出版社やメンター、作家と会う
感情：夢達成のイメージを得る。本の楽しさ、すごさを体感する

夢を達成している人の頭の中は、このようになっている。

カリフォルニア大学ロサンゼルス校医学部のショーン・ヤング教授は、**このように「目標を小さく刻む力」が、ステップと目標の達成に向かって行動を続けやすくし、夢を実現できるようになると言っている。**

そして、ここで出てきた内容も、ワクワクの一部なので、ワクワクリストに追加して、手帳やGoogleカレンダーにいつ行うのかを転記することが大切だ。

時間の罠から脱出せよ！「未来から時間は流れる」設定に変更

現在のワクワクで、ワクワクの胃袋を満たしたら、ここからが本番だ。

つぎは、MUSEの法則の「U（You are the Universe, Thank U）：未来のあなたの「体の状態」になりきり、感謝する」「S（Scene）：未来の「シーン」を映像で浮かべる」だったね。

本当にやりたいことを発見するために、つぎのプロセスをぜひ、やってみてほしい。簡単だけど非常にインパクトのある方法だ。

自分の年齢に、「＋（プラス）10歳」した状態をイメージする。

そして、その自分ならこんなことをやっている、ということを具体的にイメージする。

未来の視点にいきなりなってみることで、本当にやりたいことが見つかる。

時間は幻想だ。物理学の観点からは、そう結論付けられる。

量子物理学の観点からは、過去、現在、未来、パラレルと、同時多発的にここに存在する。クリストファー・ノーラン監督の映画『インターステラー』のように、ここに同時多発的に存在する。

しかし、人間の脳は、生きていく中で、時間という幻想が必要だ。

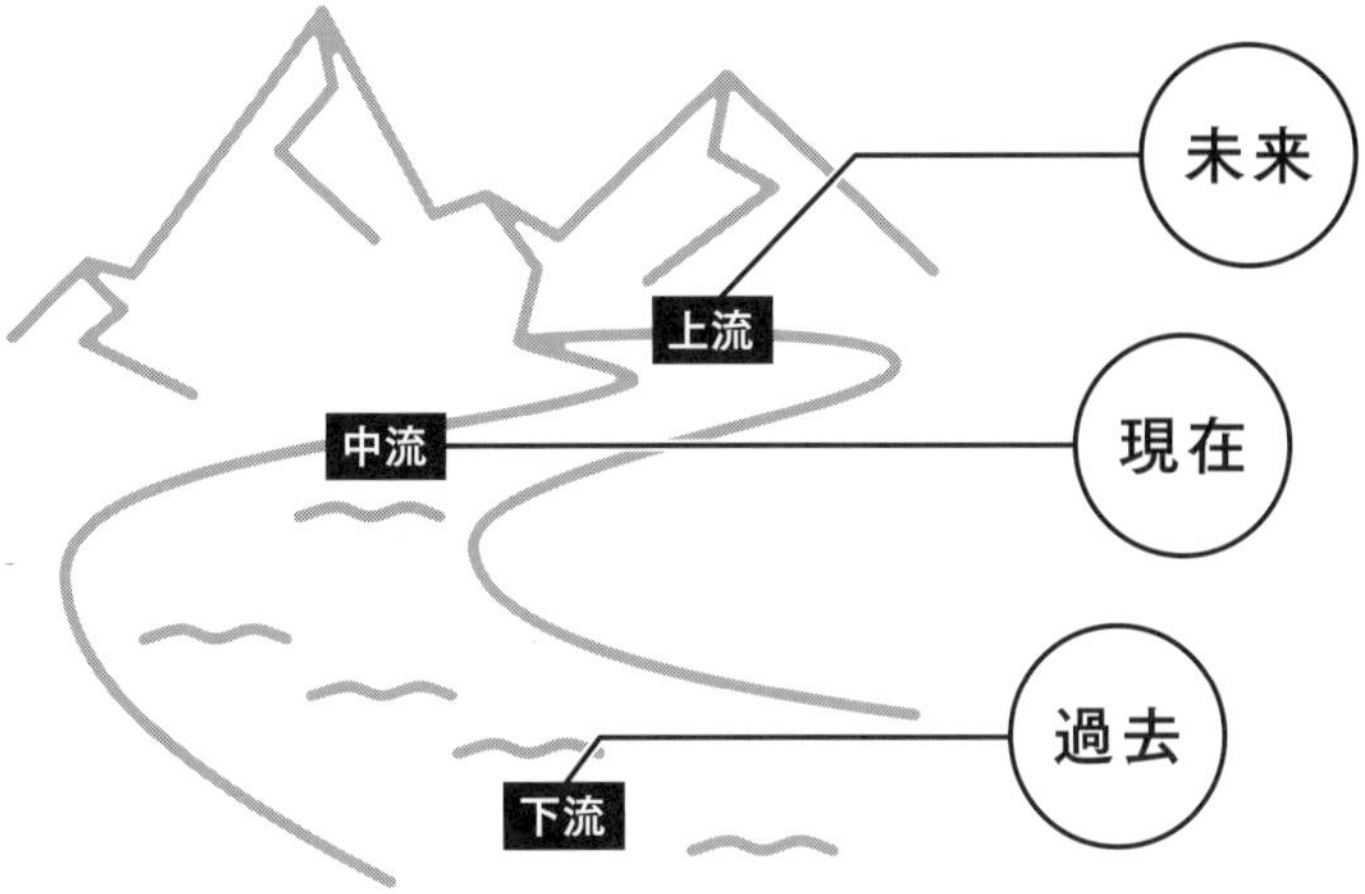

それは、過去が後ろにあって、現在がここに、その先に未来があるように感じる。

大抵の人は、この「過去→現在→未来」という時間感覚の罠《わな》にハマっている。

夢をかなえる人ほど「未来→現在→過去」という設定に書き換えている。時間を山から流れる川にたとえれば、**上流が未来で、中流が現在、下流は過去**となる。

では、現在のワクワクを思い浮かべたら、この川ではどうなるのだろうか？

ここが、自己啓発書でなかなか書かれない、盲点だ。

当然、川は上流から下流に流れる。**現在の時点でほしいと思い浮かべたものは、**

過去の下流に流れてしまう。

それなのに、多くの人が現在の状態でのワクワクにこだわりすぎている。「なりたい」「やりたい」「ほしい」が現在視点になりすぎている。

考えてみよう。いま、持っているもので、何年も前にはほしくて買ったはずなのに、手に入った頃にはもうどうでもいい。そんなものはないだろうか？

あなたの幼少期もこんなことがあったはずだ。

何か月も前から誕生日にほしいものを考えていたのに、誕生日を迎えてそれを手にした瞬間から、つぎの誕生日にほしいものを思い浮かべてしまったこと。

これでは、ただ時間を浪費するだけだ。

では、上流の未来で考えたものはどうだろうか？　そうだよね。**いずれ、中流の現在へと流れてくる。流れてきたときに、その存在に気づきつかむことができる。**

さらには、それは未来であるわけだから、しばらくそれは満足した状態が続く。

この頭の中の時間の流れを意識すること。

未来の視点に立ってみることが大事だ。

10年後の自分は、こうして操れる

でも、どんなことをイメージしたらいいのかわからないって？

そりゃ、そうだよね。

こうイメージしてみよう。

＋10歳の自分がどのような状態だったら、満たされていて、ポジティブで、豊かで幸せなのか？

もちろん、自分の年齢を意識したくない人は、家族を＋10歳して考えてもいい。パートナー、子ども、両親。家族の年齢が＋10歳されたとき、自分はどんな状態が理想か考えてみるんだ。

＋10歳したとき、周りにいる人や、何をやっているのかという未来のある状態を、映画や小説のように**具体的なシーンにして思い浮かべてみる。**

たとえば、私が20歳のときに書いた＋10歳を見てみよう。

当時の手帳を見ると、つぎのことが書かれている。

- 年収1000万円を達成
- 設立した会社が上場している
- 感情マーケティングを武器にしている
- 心の平安を伝える事業をしている
- さまざまな知識を吸収して能力をもっている
- 本を年間1000冊読んでいる
- 自分だけが成功するのではなく、周りにも豊かさを伝染させる
- 自分の本を出版し、多くの人が読んでいる

私はいま35歳である。**ほとんど、気づいたときにはかなっていた。**いま、1冊20分で読める速読「レゾナンスリーディング」は、全世界で翻訳され、広がっている。

もちろん、多少、遅れるものもあったが、実現していた。

びっくりしたのが「心の平安」を伝える事業。

過去にクライアントのひとつが力を入れていた事業である「CITTA手帳」。CITTAは、サンスクリット語で心を意味している。

まさに、「心の平安」を伝える事業。**CITTA手帳は私が関わってから、6倍以上事業成長してしまった。**

この「心の平安」は、すっかり忘れてしまっていた「やりたいこと」だった。

しかし、**振り返れば、知らず知らずのうちに、何年も前に書かれていたことに操られていた。**あやつり人形のように、自動的に、動かされていたんだ。

それらを書いた過去を思い出すと、夢をかなえる秘けつが隠されていたことに気づいた。

先ほどの川の流れの教えは、じつは私のメンターの教え。これを、メンターに言われるがままに行った。

紙に書いている時点から、あたかも小説のようにその情景が浮かび上がり、まるでシーンがすでに実現しているかのようだった。

未来の自分になりきって、その状態を書いたんだ。いわゆる成功法則の定番のビジュアライゼーション（視覚化）を行っていたんだね。

わずかな「体の状態の変化」が未来を望む方向に変える

さて、＋10歳の自分がやっていることはイメージできただろうか。

ここで、大事なポイントをもうひとつ。

イメージしたものをどのように「書く」のか？

この宇宙は、「書く」ときの「状態」で、かなうもの・かなわないものが決まってしまう。そう「状態」が大事なのだ。

いまのあなたの状態と未来の状態は違う。

先に、あなた自身も未来の状態になりきってしまうことが、脳をその気にさせる。

脳は、現在のあなたと未来のあなたを区別できない。想像できたものが現実という性質をもっている。

もしも、あなたが＋10歳で夢をかなえているとしたら、**いまのあなたの体の状態とどこが違うだろうか？**　たとえば、私だったら……。

• 体重がいまよりも減って、68キロになっている
• 体が引き締まっていて筋肉質になっている
• より上質な紺色のスーツを着ている
• 健康に適した食事を自然にとっている
• 焙煎《ばいせん》から2週間以内のコーヒーを飲んでいる
• 上質な音楽を聴くようになっている
• 上質なデスク、イスで執筆している

＋10歳の未来がこのような体の状態とイメージしたら、さっそくその「未来の自分」になりきってしまうのだ。

• 体重がいまよりも減っているのであれば、このやりたいことを書く際には、なりきって、「お腹をへこませて」書く
• 上質なスーツを着ているようだったら、なりきって「ジャケットを着て、いつもより背筋を伸ばして」書く

・上質な音楽を聴いているイメージなら、なりきって、「ミュージカル音楽やクラシックを流し、背すじを伸ばして」書く

このようにすでに、未来の自分に「なりきって」書くということがとても大切。その自分になりきったとき、先ほどの状態よりも、よりありありと自分自身の姿が具体的に浮かんでくる。

わずかな「体の状態の変化」が、未来を作り出しているのだ。

じつは書き出すときにもうひとつポイントがある。

感情が揺れ動くとき、その記憶は長く残る

MUSEの法則の最後は、「E（Emotion）：達成したときの「感情」で味わう」だったね。

記憶は不思議。**記憶に残るシーンは、感情が強いときだ。**

脳にはアーモンドのような部位、扁桃体《へんとうたい》がある。この扁桃体は、情報が感情と結びつく箇所。記憶に深く関わる部位、海馬の近くにある。

感情が結びついた情報は、海馬から大脳皮質へ転送されて長期記憶となる。だから、感情が強いとき、記憶に残るんだ。

あなたも心当たりがあるのではないだろうか？　ふと過去を振り返ったとき、思い出すのは、感情が強く動いたとき。たとえば、こんなことだ。

- 学校生活のテストで点数が思った以上にとれなくて悔しかったとき
- 運動会で一番がとれて喜んだとき
- 親友が失恋し、自分も悲しかったとき
- 飼っていたペットが他界して悲しかったとき
- 文化祭でまとまってうまくいった達成感があったとき
- 会社ではじめてのプロジェクトがうまくいってうれしかったとき

このように、記憶に残っていることの多くは、感情が揺れ動き、強い感情が生まれたときだ。

夢がかなうかどうかもここがポイントだ。感情が大きく関係する。

すでに達成しているかのような、この感情をもてるかどうかなんだ。感情を味わうことがすごく大事なんだ。

感情は、一度生じると長く続く。感情がわき起これば、当然だが脳内の血流が変化する。さらに、強い感情がわき起こるとどうなるのか？

ドクンドクン、心臓が鼓動を打つ。ここにもうひとつの秘密があるんだ。

夢をかなえる「心臓の鼓動」

私たちの人体には不思議なことがある。

それは、心臓の鼓動がドクンドクンと骨を伝わって、常に聞こえているはずなのに、その音が聞こえないことだ。

この聞こえないドクンドクンという心臓の鼓動も、音だから、周波数がある。

夢をかなえる話で、引き寄せの法則がある。

量子物理学と引き寄せの法則は密接だ。量子物理学の世界から見れば、すべてのものは、素粒子でできている。物質を構成する最小単位の素粒子は固有の振動数、周波数をもっていて、その振動を波動という。波動には科学的な法則がある。

それは、**似たものを引きつけ、違うものは除外するという法則だ。**

元オレゴン大学・原子核理論物理学教授のアミット・ゴスワミの研究は、**この波動の性質こそが、願望実現のカギであることを示している。**

私たちの放射する波動の周波数が、私たちの思考を決めている。

そして、あなたの感情が、あなたがどの周波数と同調しているかを教えてくれる。

あなたの気持ち、あなたの心臓の鼓動は、あなたの周波数を知らせてくれるメカニズムだ。


また、**心臓の周波数は、知性があるともいわれている。**知性があることは、ハートマス研究所という研究機関で長年研究されている。

ある人に出会ったとき、なぜか心地がよかった。チームで、息が合って、すごい偉業を達成するときも、何か心がつながっているような感じが起きる。

これらは心臓の周波数が、共鳴したことが関連している。

だから、あたかも達成したかのような感情を思い浮かべよう。

感情を思い浮かべると、心臓の鼓動が変わる。

この心臓の鼓動が、あなたの夢を加速度的に現実化させていくんだ。

ただ実践するだけで、その他大勢から突き抜けた人になる

ここまで、夢をかなえる「ＭＵＳＥの法則」について学んできた。

ただ紙に書く。もちろんこれでもいいけど、この法則を踏まえて書くと、よりかなうということを学んだ。

それでは、これから書く作業を実際に行ってほしい。

この作業を「いますぐ」行うか、行わないかで、あなたの人生が大きく変わる。

自己啓発の書籍は毎年、多数出版される。正直なところ、どの本もいいといえばいい。だが、ただ読んだだけでは、何も実現しない。

言葉と思考、感情、行動が一致しないと、現実は動かない。

一般的に、書籍を購入した半数が本を読み終わらないというデータもある。

さらに、その半数のうち、10％の人しかその本の内容を実践しない。

たとえば、この本が20万部のベストセラーになったとしても、半分の10万人しか読み終わらない。

さらに、そのうち実践する人は10％の1万人。

たったこれだけしか実践しないのだ。**ただ実践するだけで、一気にあなたは多数の人より突き抜けた人になってしまうのだ。**

それでは、これからあなたの「ワクワク」を書き出してみよう。

このワクワクに制限はいらない。ワクワクする、やりたいと思うものはすべて書き出すこと。

あなたには、お金も、知識も、能力もあり、仲間もいる。

いまの年齢に10歳足してみよう。10年後の世界に、あなたはどんな状態でいるだろうか？　場所は、周りは？

ビジュアライズ、視覚化することが大切。

頭の中に浮かんでくるあなたは、とても満たされている。お金も、人脈も、知識も、能力もあふれている。

その状態のあなたはいったい、10年前のあなたとどこが違うんだろう。

その状態が感じ取れたら、あなたの体を変化させる。

そして、その未来の体の状態になりきって、あなたのワクワクすること、すでに実現していることを、この本に直接書き出してみよう。

シーンを思い浮かべながら、それが実現しているときの感情を味わい、どんどん書いていこう。

ワクワクを具体化する「デカルト・マトリックス」シート

なりきった未来を具体的に描く方法がある。
それは、ワクワクを具体化するデカルト・マトリックスという手法だ。
「5WVAKOG」の質問に答えることで、あなたの未来をイメージできる。

つぎのページのシートを実践してみよう。

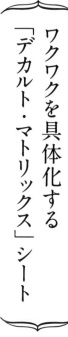

未来の＋10歳の状態

いつ WHEN	歳
どこ WHERE	主に　の場所にいる
だれ WHO	と一緒にいる
何 WHAT	という仕事や という活動をしている
なぜ WHY	という信条や、 という生き方をしている
視覚 VISUAL	な風景が見える
聴覚 AUDITORY	な音が聞こえている
体感覚 KINESTHETIC	な体の状態、 な感情を味わっている
嗅覚 OLFACTORY	な匂いがする
味覚 GUSTATORY	なものを食べている （味がする）

私が、いまの年齢＋10歳でかなえていることは

-
-
-
-
-
-
-
-
-
-
-
-
-
-
-
-
-
-
-
-

緊急性のシーン

第1章
〈EMPOWERの法則〉1

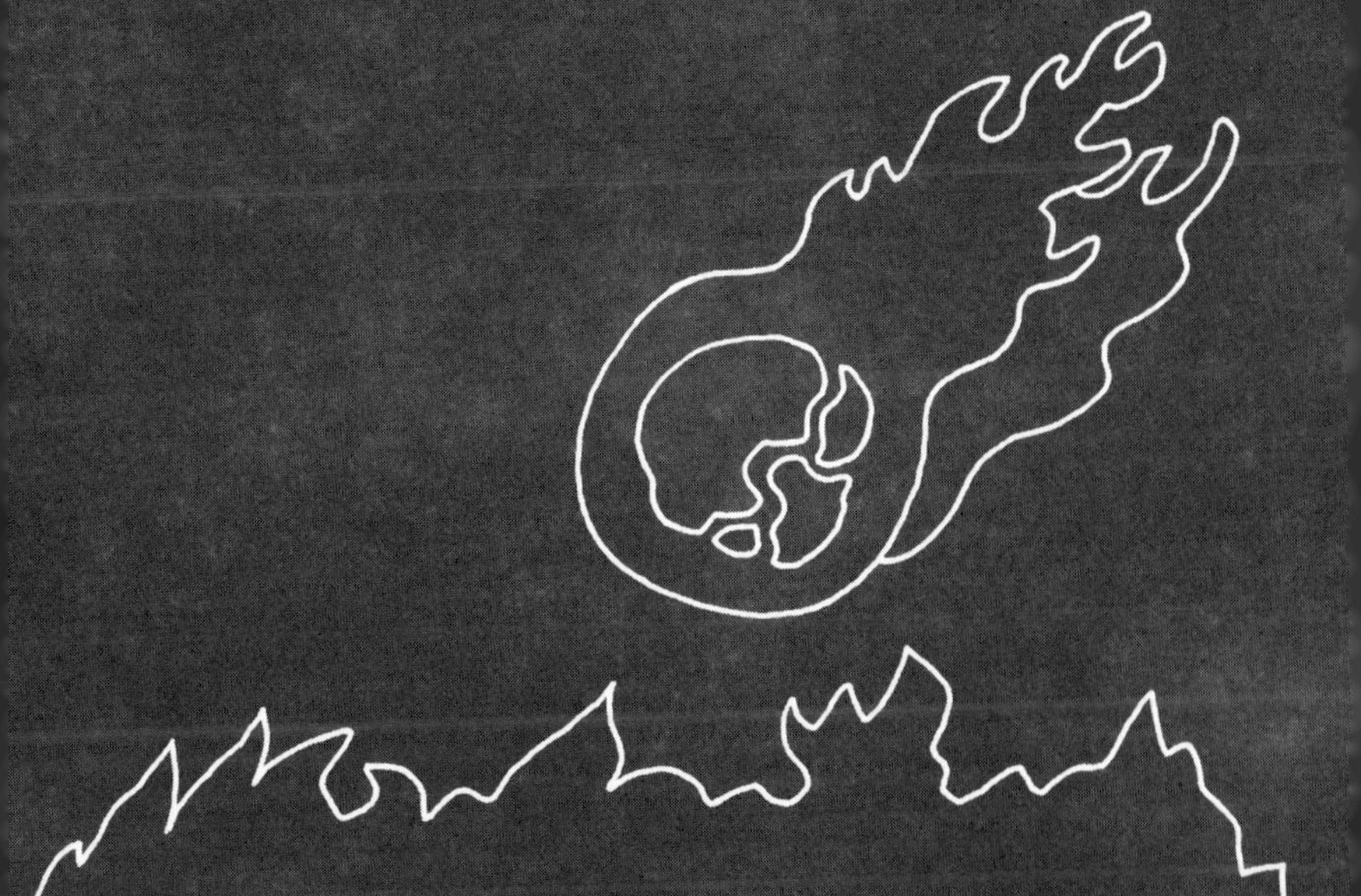

苦しい現実は人生が大きく開ける前兆だった

つまらない日常。たまに起きる嫌なことや、悲しいこと。

現実を忘れたくて、時間をつぶす。

「こんな私は本当の自分じゃない。本当の私は、もっと輝いていて、やりたいことをやっていて、ワクワクして、幸せで、もっと豊かだ」

そう思うから、あなたはこの本を手にしたはずだ。

だれだって夢がかなうんだったら、かなえたい。そりゃそうだよね。

子どもの頃はみな夢をもっていた。だけど、大人になるにつれて、現実を見せつけられて、いつしかその夢を心の奥底に隠してしまった。

あなたもそうじゃないだろうか？　そんなあなたに、心から言いたい。


もし、あなたにかなえたい夢があるなら、それを表に出してほしい。

それは、何だっていい。

「お金持ちになりたい」「パートナーがほしい」「好きなことを仕事にしたい」「健康になりたい」「素敵になりたい」「幸せになりたい」「豊かになりたい」「家がほしい」……。

いまの現実は、つらい状況かもしれない。

「仕事がつらい」「会社にリストラされた」「長年付き合ったパートナーに別れを告げられた」「会社にいづらい、転職を考えている」「生活が苦しい、借金を抱えている」「大切な人を失った」「友人に裏切られた」「体調がすぐれない」……。

こんな状況ならつらいよね。**でも、この状態はチャンス。あなたはラッキーなんだ。**「えっ？　ラッキー、そんな馬鹿な！」そうつっこみたくなるよね。

これらの事象は、人生が大きく開ける前兆。このような危機的な状況の中に、大きなチャンスはある。

漢字の「危機」は「危うい」と「機会」で構成されている。だから、チャンスなんだ。

正直、しんどい。しんどいよ。**でも、多くの夢をかなえた人たちも、この一見するとネガティブな出来事から、大チャンスをつかみ、夢をかなえたんだ。**


リストラによって事業を起こすことになった。

親が他界し、多額の借金を背負うことになり、奮起した。

災害が起こって、人生を考え直し、起業した。

私が出会ったメンターに聞くと、こういう話ばかりだ。苦しい現実は、あなたの人生が大きく開けるその前兆なんだ。

私の人生の節目に起こったリンチ、契約解除、クーデター……

じつは、私も人生の節目に苦しい事象に遭遇した。

たとえば、こんな衝撃的なことが起こったんだ。

ベンチャーでゼロから約10億円の事業を創出できた。でも、会社が豊かになった瞬間に、同僚から妬まれたんだ。

それはその年の忘年会。とつじょ、同僚から罵声を浴びせられた。

そして一方的な「リンチ」。**首に赤い手の跡が残るぐらい絞められ、危うく死にかかったんだ。**

これ以外にも、じつはたくさんある。たとえば……。

- 売上が上がりすぎて、インセンティブが高騰。**社長の年収に迫る勢いだからといって、独立を打診される。**「君はひとりで稼いでいける」という理由で、独立をすることになる
- クライアントの事業をたった1年で売上約5倍、億単位の事業に発展させる。多額の投資も行いこれからというときに、新規に入ったスタッフと合わないという理由で、**コンサルティング契約解除**
- 役員会でとつじょ私に対する解任決議案が出される。**内々で根回しされたクーデターだった。そして解雇**

あちゃー。まるで、ドラマを見ているような出来事だよね。

恥ずかしい話、これらは全部実話。正直、もうこりごりだと思いながらも、このような突然のことが私の身には起こってきた。

普通の人だったら、こういうことがひとつでもあれば、悲嘆にくれるだろう。

でもね、**私は「これをチャンス」と知っているから、一歩進め、また大きなものを手にしてきた。**

ズバリ断言しよう。

あなたが夢をもっていて、いまの日常に不満を抱えているのであれば、このような危機的状況がいずれ起こってしまうのである。

「いや、ちょっとそれはいりません」

そう、嫌だよね。いらないよね、危機的な状況なんて。

そう思う人に朗報がある。

人生の出来事は、言葉で変えられる。

現実は、あなたの口ぐせで作られているんだ。

私の先ほどの例でいうと……死にかかったとか、リストラ、解雇……、これらには、予兆があった。

そのような事象を起こす言葉を、私は自ら発してしまっていたんだね。

ベンチャーで首を絞められたときは、「将来、独立する」。

クライアントとのコンサル契約を打ち切られたときは、「あのスタッフの能力がない」「時間がない」「自分の事業に集中したい」。

役員会での解雇は、「他社の協会の理事がよくない、変えた方がいい」。

不思議なことにその現実が起こった。

発した言葉が現実になる。ネガティブにもポジティブにもこれは本当なんだ。だから、自業自得、トホホだよ。言葉は、現実になる。

たとえそれが相手のことでも、自分のことのように現実になるんだね。催眠術にかかったみたいに、自分の発する言葉で現実が作られているんだ。

わかっていても、気づいたときには遅し。

だから、すぐれた経営者は、「感謝しよう」とか「ありがとう」とよく言う。

私たちの口ぐせによって、現実ができていることをよく知っているんだね。

「ありがとう」。こう現実に感謝するだけで、現実はそうなる。

映画の主人公は
いつも日常に不満をもっている

人を笑わせ、悲しませ、怒らせ、感情を揺さぶる映画。

なぜ、映画はたった2時間で、これほどまでに感情を揺さぶり、感動させるのか？

その秘密は、映画に隠されたシナリオだ。

そのシナリオは、いにしえより続く「神話の法則」を元に作られている。

神話学者のジョーゼフ・キャンベルによれば、神話は人間の成長物語。そのシナリオを体験すると、私たちは知らず知らずのうちに感動させられるんだ。


だから、映画には、人間の成長、夢をかなえる秘けつが隠されている。


では、映画の主人公は、最初のシーンでどう描かれるだろうか？

そうだ。夢をもっていて、現状に満足していない。

あなたと似てないだろうか？

あなたと同じように現状に不満を抱えている。ここがポイントなんだね。

主人公は「こんなはずじゃない」「変わりたい」と現実とは異なる夢を抱いている。

そうして、非日常の夢を抱きながらも、不満な日常の中をもがいているのだ。

たとえば……。

映画の主人公「不満な日常」

- 家庭でのいじめ（『ハリー・ポッター』シリーズ）
- 就職活動の失敗（『プラダを着た悪魔』）
- 妻殺害の疑惑をかけられ祖国に帰れない（『インセプション』）
- 父が町長で、巫女《みこ》として、地方に住む自分（『君の名は。』）
- オーディションの失敗（『ラ・ラ・ランド』）
- 貿易会社での勤務（『グレイテスト・ショーマン』）

こうした現実から、幸せな未来を願っている。

しかし、その状態はどんどん悪化するばかり。

現状がどんどん悪化する中で、主人公は、緊急性に駆られて、やむをえず行動せざるを得ない状況になる。

映画の主人公「行動せざるを得ない緊急性」

- 家庭でのいじめの悪化（『ハリー・ポッター』シリーズ）
- 志望の会社に入れず、違った会社にしか入れない（『プラダを着た悪魔』）
- 生死のかかった任務の失敗（『インセプション』）
- 巫女として唾液の神酒を作る恥ずかしさ（『君の名は。』）
- オーディションの失敗と挫折（『ラ・ラ・ランド』）
- 勤務先の貿易会社の倒産（『グレイテスト・ショーマン』）

現状が悪化する出来事がさらに起こる。

緊急度が高まり、主人公たちは、日常から非日常へと足を踏み入れる。

新たな世界へといざなわれるのだ。

でもこれはあくまで、映画の話。もちろん、空想上の物語。まさか、自分に起こるなんて思わないだろう。

しかし、**成功している経営者やアーティストに話を聞くと、夢をかなえるまでに、映画以上に緊急度の高い出来事に巻き込まれている。**

では、私たちには、どのようなことが起こるのか？　たとえば、こんなことが考えられる。

- 会社を突然リストラされる
- 最愛のパートナーとの別れ
- メンターや大切な人との別れ
- 会社を辞めざるを得ない状況になる
- 病気になる
- 交通事故にあう

こんな嫌なことが起こって、行動せざるを得ない状況になるのだ。

ずっとかなえたい夢がある。やりたいことがある。なりたい自分がある……何か新しいことをはじめるというのは、変化が必要になる。だけど、その変化するための行動がなかなかできない。いいわけばかり。できない理由、しない理由を考えてしまう。

何か新しいことをやりたいのに、動けない。そうした人には、この緊急性という事象が起こるのだ。

緊急性こそ、あなたのずっとやりたかった夢への、小さな行動を踏み出すきっかけになる。

ポジティブな緊急性を起こそう！

ネガティブな出来事。正直嫌だよね。私も本当に嫌だった。

あとになれば、「あのときの出来事がきっかけで、うまくいきました」なんて、言えるかもしれない。だが、多くの人にとって、ネガティブな出来事はネガティブだ。体験もしたくない。そりゃそうだ。

でも、このネガティブな出来事を回避することができるとしたら、どうだろう？「早く教えてくれ！」そうなるよね。

回避するには、結局「緊急性」がカギなんだ。

会社の仕事の締切、急なトラブル、クレーム、事件……。**重要なことよりも、緊急なことで行動しているのがわかる。**

人は、人生で大切なことより、緊急なことにばかり時間を割いてしまう。

だから、天は、私たちに緊急性の高いネガティブな出来事をよかれと起こしてくれる。**でも、ネガティブは余分だよね。**

だったら、**あなた自身で「都合のよいポジティブな緊急性」を作ってしまえばいい。**それもとびっきり都合のいいものをね。

なんだ、そんなことか。そう思われているかもしれない。

しかし、ここはものすごく大切。**うまくいく人というのは、なぜか、自分に都合**

のいい錯覚をしているんだ。

だから、都合のよいポジティブな緊急度の高いことを想定することが大事なんだ。

私の場合の「都合のよいポジティブな緊急性」を紹介しよう。

- 頼んでいたアシスタントが急遽《きゅうきょ》都合が悪くなった。京都まで同行してほしい
- 事業部長から、突然、新会社を立ち上げるから一緒にやってほしい
- メンターから、新事業をやるから一緒にやってほしい
- クライアントから、突然来週、カバー写真を撮ってほしい
- 出版社から、突然、原稿を書いてほしい

いかがだろうか？　このような緊急性ならネガティブではなく、むしろポジティブな緊急性だろう。いわゆるうれしい悲鳴だ。

こうした緊急度の高い出来事が私の才能を磨くことになった。

ここで質問！

「どんな緊急度の高いポジティブな依頼がきたら、動き出してもいいだろうか？」

このように、動き出す仮説を質問で与えてみるといい。

ありえないこと、都合のよいことでかまわない。なんでもOKだ！

とにかく、ポジティブな緊急度の高いことを考えることが大事だ。

緊急性を出すために、3分間行動を起こせ！

ピコン、ピコン。

ウルトラマンのカラータイマー。ウルトラマンは、怪獣が現れたときに、3分間の時間制限の中、戦い、地球を救う。

ピコン、ピコン。もしかすると、あなたの心の中にも、怪獣と戦うウルトラマンがいるかもしれない。**現状に満足していない、日常生活に不満をもっているというのは、心の中で、怪獣に襲われている状態だ。**

夢は思いついたときは幻想だ。幻想を明確化することで、夢に変わる。

夢は、数字という期限を入れ、具体化することで目標に変わる。

目標は、習慣化することで予定に変わる。

だから、**3分間でできることを考え、小さな行動をするだけでも、あなたのやりたいことにポジティブな緊急性を与えてくれる。**

現実を理想へとシフトさせるために、まずは、小さな行動でいいからはじめることが大切。私も、人生でつらい経験をした際には、現状を変えるために、小さな試みを行っている。


あなたが夢をかなえるための小さな行動とは何だろうか？

ワクワクリストに書き出したことに対して、3分間でできることを出してみよう。

たとえば、こんな感じだ。

あなたのかなえたい夢　↓　3分間でできることは？
ベストセラー作家になる　↓　文章を3分間書く

やせる → スクワットを3分間行う
起業する → 3分間でビジネスアイデアをひとつ出す
ハワイ旅行に行く → 予算を見積もってみる
結婚する → パートナーの条件を設定する

何でもかまわない。**いますぐできる小さなことを「言葉」にして書き出してみる。**
それをさっそく実践することだ。

頭で先に理解しようとする人は、夢の実現力が弱い

いますぐ。早く。
スピード、スピード、スピード。
そう言われるけど、なかなか動けない。そういう人も多い。では、どうすれば、早

く動けるのか？

それは、頭で考えず、本能で動くこと。

小さい子どもは、何かに興味をもったら、まず動く。そして、チャレンジしたあとで、何かを学ぶ。

私たちは、大人へと成長するにつれて、本能が弱ってきている。

何か行動をしようと思っても、失敗を恐れて理性で物事を考えてしまう。

「これは、正しいのだろうか？」
「正確に理解しているだろうか？」
「間違っていないだろうか？」

こう心の中で思う傾向にあれば、あなたは理性優位だ。理性で、心にわき起こる本能を抑制している。

理性が優位ということは、あなたの実現力を弱めてしまっている。

何か本能がやりたいといっても、理性で「それは正しいの？　できないでしょ」と意見をつぶしている。

また、先ほどの3分間でやってみたいことがなかなか思いつかないなら、理性が強すぎる。少し、本能に身を任せてみよう。

それでも、本能がなかなか出しにくい……という人もいるだろうね。だから、夢の実現力を高めるために、本能が出る方法について解説しよう。

3分間「ありがとう」と言うと言葉の反射神経が鍛えられる

本能を高める方法。それは、**「言葉の反射神経」を鍛えること。**

現実は、あなたが使っている言葉、聞いている言葉でできている。

単純に3分間同じ言葉を言うだけでも、理性が抑制されてくる。

カリフォルニア大学ロサンゼルス校医学部のショーン・ヤング教授は、著書『UCLA医学部教授が教える科学的に証明された究極の「なし遂げる力」』の中で、「脳の繰り返す力」について、つぎのようなことを言っている。

「人間の脳は驚くべきほど効率的だ。車はマニュアル・モードで動かそうとすると常に操作を意識しなければならないし、手間もかかる。脳が好むのは、オートマチック・モード。脳は常に物事を簡単にする方法を探し、ドーパミンなどの神経物質という報酬を与え、何度も繰り返される行為を習慣化させる。この習慣は、私たちが真っ先にとる行動になる」

あなたが何度も何度も「ありがとう」と繰り返すだけで、脳は「ありがとう」を習慣化しようとする。**習慣化されたものは、反射的に、行われることになるので、理性の出番がなくなる。「ありがとう」が出やすくなるのだ。**

まずは、毎日3分間「ありがとう」とただ言ってみよう。それだけで、あなたは変わる。本当かなと思う人ほど実験しよう。

「ありがとう、ありがとう、ありがとう、ありがとう、ありがとう、ありがとう、ありがとう、ありがとう……」

本当にやってみよう！　約束だ。

私たちは、言葉でできている。

あなたは何かを考えるときに、言葉を使って考えている。

つまり、**思考は、あなたの普段使っている語彙で決まってしまう。**あなたが人生を変えたい、夢をかなえたいと思うなら、いま使っている言葉を変えること。

あなたの理想的な将来に、使っていそうな言葉で満たしてあげることが大事。そのときよく使っている言葉のひとつは、きっと、「ありがとう」なはずだ。

毎日ただ「ありがとう」と言うだけで、あなたの思考は「ありがとう」で満たされていく。

最初は、「ありがとう」と言うなんて恥ずかしい。そう思うかもしれない。

まずは、ただ「ありがとう、ありがとう、ありがとう」と3分間繰り返すだけでいい。

不思議なことに、毎日言っているとしだいに、ありがとうと思える機会が増えてくる。

本当のような嘘のような話に思えるかもしれないが、**あなたの日常は、ありがとうの日常に変わってくる。**

日常の有難さに気づけるようになると、敏感になる。

日常の中で起こる、あなたが一歩踏み出すためのメッセージを受け取れるようになる。

そのメッセージは、あなたを動かす本能、インスピレーションの源、不思議な偶然の一致、シンクロニシティで、それが起こりやすい日常が訪れてくるんだ。

もちろん、「ありがとう」だけでは、うまくいかない。「ありがとう」の連呼は、きっかけにすぎないんだ。**あなたが心から望んでいるもの、それに気づく、その状態を作るきっかけ。**

「ありがとう」と言いつづけていると、ある日突然起こるありえない依頼に「ありがとう」とイエスの返事ができる。

普段のあなただったら、思わず断ってしまううれしい悲鳴に「イエス」と言って、チャンスをつかめるのだ。シンクロニシティなどの嘘のような瞬間に、素直に「ありがとう」と言葉を発することができるのか。

これが、人生の分岐点だ。

〈EMPOWERの法則〉1	［緊急性のシーン］のシナリオ作り

E（Emergency）：緊急性のシーン

あなたは日常の中で、毎日に不満を抱えていたり、夢へのあこがれを抱いていたりする。緊急度の高い出来事に遭遇したとき、夢が動き出す。

M 言葉 あなたの夢が動き出す、緊急性の高いポジティブな出来事とは？

U あなた そのときのあなたの体の状態は？

S シーン ポジティブな緊急性が生じている具体的なシーンとは？

E 感情 あなたは、そのときどんな気持ちなのか？

夢をかなえるトレーニング

ステップ1 前章で書き出したワクワクリストに、「いますぐ」「3分間」「3日以内」「1週間以内」を使って緊急性を付け加えてみよう

例 「1週間後に、私がずっとやりたかった依頼がやってくる」
「3日以内に、ほしかったものの情報が手に入る」

ステップ2 3分間で毎日やれる行動をワクワクリストと合わせてみよう

例 「3分間で、筋トレ50回やる」
「3分間で、文章を書いてみる」

ステップ3 毎日3分「ありがとう」を言ってみよう

メンター＆ミューズの登場

第2章
〈EMPOWERの法則〉2

社員の口ぐせが組織の文化を作る

「いいね！」

「それ新しい発見だね」

「きっとうまくいくよ」

うまくいっている企業ほど、そうした言葉をよく聞く。**不思議なことに、社内の口ぐせが、そのまま業績に反映されているのである。**

私たちの筋肉は、ヤバイ。何がヤバイかといえば、**言葉を聞いたり、ものを触ったりすると、頭で理解する前に、物事の本質をさとってしまっているらしい。**

その結果、繰り返された言葉を無意識に体は信じ、それに基づいた行動を思わずしてしまうようになる。

反対に、会社内の悪口やよくない噂話《うわさばなし》。こうした話は見えない形で、あなたの状況を悪化させ、よくない組織や文化を築いてしまう。

「あの人、仕事よくミスするよね」
「アイツは、失敗ばかりだ」
「もう、クビだ」

こんな言葉が飛び交う会社は要注意だ。自然にミスを許さない組織となる。恐怖で縛る文化が根付く。

結果的に、こうした噂話が組織全体へと浸透していく。

言われた側は悲劇だ。アイツはできないというレッテルが貼られるだけでなく、何か起こるたびに血祭りに上げられる。こうして、悪い企業文化ができあがる。

つまり、私たちは自分の言葉だけでなく、**普段聞いている言葉で、現実ができあがってしまうんだ。**

ポジティブ心理学のショーン・エイカーと、アメリカのオンラインメディア「ハフポスト」の創業者アリアナ・ハフィントンが行ったこんな研究がある。

それは、**「朝、ほんの数分間ネガティブなニュースを見聞きするだけで、1日の感情の軌跡全体が影響を受ける」**というものだ。

2人の研究結果によれば、朝3分間ネガティブなニュースを見た人たちは、6～8時間後に彼らの1日を振り返ったときに、ネガティブなニュースを見なかった人たちに比べ、**「あまりよい1日ではなかった」と答えた割合が、27%も多かった。**

この研究から、自分が何げなく発した言葉だけでなく、聞く言葉も含んだ、言葉によって現実ができあがっていることがわかる。

ということは、**発する・使う言葉を変えたり、聞く言葉を変えたりするだけでも、現実は簡単に変えられるということだ。**

では、どういう言葉がよいかというと、**自分の夢をすでにかなえている人の使っている言葉。すなわち、師匠、メンターの言葉だ。**

メンターが使っている言葉に夢をかなえる大きなヒントがある。

世界の一流経営者には必ずメンターがいる

自分の夢を確実にする方法のひとつは、その夢を**すでにかなえている先生・指導**

者・メンターと呼べる人に出会うことだ。

アジア史上はじめて、世界ランク1位になったテニスの大坂なおみ。彼女は、サーシャ・バイン元コーチに出会って約1年でランキング68位から、一気に1位まで上げることができた。

自分のメンターに出会えることは、成功の確率を大きく上げる。

やっぱり、すでにその夢をかなえている人だったら、いろんなことを知っている。

自分のモデルとなる人物に出会うことだ。

映画では、必ずといっていいほど主人公の前にメンターが現れる。

『スター・ウォーズ』シリーズの主人公ルーク・スカイウォーカーには、ジェダイ騎士のオビ＝ワン・ケノービーとジェダイ・マスターのヨーダ。

『ハリー・ポッター』シリーズの主人公ハリー・ポッターには、ホグワーツ魔法魔術学校の校長アルバス・ダンブルドア。

『プラダを着た悪魔』の主人公アンドレア・サックスには、編集長のミランダ。

『マトリックス』の主人公ネオには、伝説的なハッカーであり、船長のモーフィアス。

同じように現実世界にも、必ず師匠がいるものだ。

松下幸之助の経営の師匠は、サントリーの創業者鳥井信治郎。

ソニーの創業者の井深大、盛田昭夫の師匠は、元帝国銀行頭取の万代順四郎。

シリコンバレーの世界では、アップルの創業者スティーブ・ジョブズ、アルファベット（グーグルの親会社）の元会長エリック・シュミット、創業者のラリー・ペイジ、フェイスブックのシェリル・サンドバーグには、ビル・キャンベルという共通したコーチがいた。

『1兆ドルコーチ』の中で、その著者のエリック・シュミットは、「ビル・キャンベルこそ、グーグルの成功にとってもっとも重要な存在のひとりだった」と断言している。

夢をかなえるためには、メンターが必須だ。メンターは、あなたをしんどい日常から、非日常のあこがれの世界へと連れ出してくれるのだ。

あなたはどんなメンターに出会いたいのだろうか？

なぜ、夢をかなえる人は、チャンスに出会えそうな場に行くのか?

メンターに出会う方法はとてもシンプル。

メンターに出会えそうな場所に行くこと。これにつきる。

ハーバード大学の進化動力学研究所と、プリンストン高等研究所で研究するバーナビー・マーシュによれば、**チャンスに出会えそうな場所に身を置くことで、幸運をつかんだ人は何人もいる。**

たとえば、ギリシャの海運王で知られるアリストテレス・オナシスも、はじめから運がよかったわけではない。

オナシスは、食べることすら困難な貧しいときでも、いつも最高級ホテルで紅茶を飲んでいたという。

のちに結婚することとなるギリシャの海運王スタブロス・リバノスの娘、ティナと出会ったのも高級ホテル「ザ・プラザ」のロビーだった。

オナシスの習慣は、いつも出会いが見込める場所に足を運ぶように心がけていたことだ。オナシスが、世界的な大富豪になれたのも、オペラ歌手マリア・カラスに出会えたのも、のちに故ケネディの元妻であるジャクリーン・ケネディと結婚できたのも、すべてではないが、この習慣のおかげだろう。

夢をかなえる人は、チャンスが訪れそうな場所にちゃんといる習慣がある。

だから、あなたも適切な場所に行き、あとは静かに待ち、近づいてくる幸運をキャッチすればいい。

オナシスと同じように、フェイスブックの創業者、マーク・ザッカーバーグは、そのことをよく知っている。

彼はエンジニアとしても有名だが、チャンスが舞い降りる場所にちゃんといる。

2004年の夏、ザッカーバーグは、カリフォルニア州パロアルトに引っ越した。ハイテク企業が多いパロアルト。**ここでは、ひとりと知り合うとまたつぎの人脈へと広がった。**

その人脈から、音楽ファイル共有サービス「ナップスター」の創業者として知られるショーン・パーカーと出会い、フェイスブックの初代CEOにした。

また、リンクトインの創業者リード・ホフマンと知り合い、出資の依頼をした。ホフマンは、同業という理由から出資を断り、代わりにペイパル創業者のピーター・ティールを紹介した。ティールは、ザッカーバーグに50万ドルもの投資を行った。**ザッカーバーグは、幸運が手に入りそうな場所へ引っ越すことで、最終的には、巨額の投資を受けられ、膨大な利益を上げられた。**

私は20歳のときに、〝メンター〟という言葉を本から知った。

本田健さんの『ユダヤ人大富豪の教え』や神田昌典さんの『成功者の告白』の教えを読んで、私もメンターに出会いたいという夢をもった。

自分を導いてくれる師匠。そういった人に出会えたらと思い、多くの経営者の名前を書き出し、出会えそうな場所に行った。

上場企業を学びたいと思って、GMOインターネットのグループ代表、熊谷正寿さんに会いに、GMOインターネットの面接に申し込む。

見事に採用され、人事部のスタッフとして入社。**入社1週間で、代表にも会え、教えを乞うことができた。**

GMOインターネットの役員、管理職の方々がメンターになった。多くのIT企業の経営者に出会うきっかけにもなり、経営のノウハウを学ぶことができた。

将来、経営コンサルタント、作家の神田昌典さんのようなビジネスをしたいと思って、神田昌典さんに会いに行った。

神田さんの講演会や高額セミナーにも足を運んだ。通いに通い、弱冠22歳ながら、神田さんの顧客リストの高額ランキングにも入った。学び、実務経験を積んだ結果、**その数年後、一緒にビジネスを行うことになった。**

ほかにも、いま私のメンターになっている人は、出会うべき場所で、出会っているのだ。

超簡単なメンターの探し方

いま、ネットでいくらでも、出会える場所は見つかる。

メンターに出会いたかったら、メンターに出会える場所に行けばいい。

チャンスに出会えそうな場所に身を置くことが大事だ。

メンターと出会う方法に、まだピンときてない人がいたら、すごく簡単な方法が3つある。

①本を読む

まず大型の書店に足を運ぶ。あなたがかなえたい夢のジャンルのコーナーに立ち寄る。そのカテゴリーにある本を片っ端から、パラパラとめくる。

そして、ピンときた人があなたのメンター候補だ。ね、非常に簡単でしょ。

そして、**メンター候補だと思った人をネットで調べて、コンタクトをとってみる。**

フェイスブックのメッセンジャーでもツイッターのリツイートでも、インスタでも、LINEでも、いまなら連絡をとる手段はいくらでもある。

「あなたの本を読んでおもしろかったので、あなたにお会いしたいのですが、講演会やセミナーという機会はないでしょうか?」と聞く。

私も本を出している著者だから、よくわかる。そこまでして連絡をくれるとうれしくなって、予定をつい教えてしまうんだね。

②セミナーや講演会、動画を見る

直接的なコンタクトをとらなくても、セミナーや講演会に行ってみるというのもいい。**最近は、オンラインサロンも充実している。**

もし、費用が気になるのであれば、グーグルの動画検索で、その人の名前を打ち込み、その人の講演やセミナーが動画でアップされていれば、無料で見られる。

③身近な人に紹介してもらう

「こういうメンター」と具体的にイメージできているのであれば、**身近な人に聞いてみよう。**案外、知り合いのお父さんやお母さんがすでにあなたの夢をかなえている。そういうこともある。

また、おすすめなのが、一度できたメンターから、さらに紹介してもらうことだ。

メンターの持ち物と口ぐせに成功の秘密がある

ゆがんだ時計。黒く光る「モンブラン」のボールペン。

メンターの持ち物に成功の秘けつが隠されている。

それが私の20歳の気づき。

成功している人ほど、持ち物、身につけるものに意味がある。一つひとつのものに、意味をもたせて、持っている。


メンターに出会えたら、持ち物に注目しよう。

たとえば、私のメンターである神田昌典さん。神田さんは、LVMHグループ、特にディオール・オムの服を身につけている。

神田さんの理想の経営者は、LVMHグループの総帥、ファッション界の帝王である、ベルナール・アルノー。このファッションを身につけることによって、**ベルナール・アルノーの精神を感じ、インスピレーションを受けている**と言っている。

私の人生を変えてくれた出会い、そのひとつに、トニー・ブザン氏との出会いがある。

全世界的に広まった思考ツール、マインドマップ。そのマインドマップの開発者であるブザン氏の手首には、ある時計がされていた。

私は、十数年前、映像会社でアシスタントをしていた。その頃、ブザン氏と一緒に、京都、奈良に旅行する機会があった。そのとき、ブザン氏の生き方を垣間見《かいまみ》たのだ。

ブザン氏はとにかく、時間をゆったりと使う。これだと思ったもの、情熱を傾けたいものに対して、集中して時間を使うのが印象的だった。京都の大丸で、ひとつのカフスを選ぶのにも、じっくりと時間を使っていた。

ブザン氏は、いつもサルヴァドール・ダリの「記憶の固執」をモチーフにした腕時計をつけられていた。

このダリの時計は、**「時間は幻想」であることを象徴している。**

そして、ブザン氏と東大寺を見に行った際に、こうブザン氏がささやいてくれた。

「ヤスヒロ、君はいいクルーだね。きっと、君は素晴らしい人物になる。ヤスヒロ、日本は素晴らしいね。この東大寺は、昔の建物だが、400年先の未来の建物だと言われても私は信じる。それぐらい日本の歴史は素晴らしい」

ブザン氏の一言、一言は、時間という概念を飛び越えているようだった。

このように、すぐれた人の身につけているものに注目をしてみると、秘密がある。隠れた意味があるものだ。

同じように、すぐれた人の発する言葉、使う言葉にも意味がある。

成功しているメンターの持ち物をまねたい。でも、お金がないという人には、**発する言葉、使う言葉であれば、すぐにまねできるので、どんな言葉を発しているのか注目をしてみよう。**

一流の人はすでに「力を高められた言葉」を使っている

メンターの一言一言に、夢をかなえるための「力を高められた言葉」が隠されている。

「あなたのように、ビジネスで成功するには、何からはじめたらいいですか？」

昔、私はあるビジネスメンターに質問した。

するとメンターはこう話してくれたのだ。

「まず、君が話す『言葉』に気をつけることだ。言葉そのものが一番大事なのにもかかわらず、多くの人は、自分の発する言葉をマネジメントしていない。自分の発している言葉が現実を作っているのに、不思議なものだよ。すぐれた人は、みな、言葉の力、言葉こそが世界なのだと知っている。イエス・キリストも、ブッダも、孔子も。聖人と呼ばれた人は、必ず言葉にこだわっているよね」

私たちが普段話している言葉。

その言葉によって、思考が作られている。その思考で、行動が決まるわけだ。

普段使う言葉、これを変えれば、当然、思考が変わり、行動が変わる。

メンターが使っている言葉、口ぐせをまねてみれば、当然ながら、あなたの思考が、メンターと同じような思考になる。

その思考になれば、メンターと同じように行動できる。

まねるは、学ぶ。つまり、メンターの言葉をまねることで、メンターの高められた言葉の力を学ぶことができる。

さらに、言葉に加えて、メンターの感情をまねしてみよう。

喜びをどのように、表現しているのか？

悲しみをどのように表現しているのか？

怒りをどのように表現しているのか？

その際に、わずかなしぐさも大事だ。

私のメンターは、緊張したとき、指の爪付近をもむくせがある。指先をもんで、血流をよくして、頭の回転をよくしているのだ。

メンターの言葉、感情、しぐさを、あなたも身につけるのだ。

そして、言葉の力を高めていこう。

言葉をマネジメントしよう

成功している人たちは、最初から成功したのではない。

成功する前から、自らの言葉をマネジメントし、その言葉を使ったから、その言

葉どおりの人物になったのだ。

ファッション界の帝王、アルノーもはじめは、フランスで成功した不動産会社の社長だった。

アメリカへ出張に行った際、タクシーの運転手に「フランスで知っているのはディオールぐらいだな」と言われ、そこにヒントを得た。

ディオールこそ、世界でもっとも有名なフランス人であることに気づいたのだ。

アルノーは、帰国後、ブランド「ディオール」を買収した。そして、ディオールを保有後は、世界を回るたびに自分をフランスの〝移動大使〟のように感じた。さらに、ブランドをマネジメントし、買収を繰り返し、再創造し、ファッション界の帝王になった。

アルノーがよく使う言葉として「パッション・クレアティブ」（創造への情熱）というのがある。アルノーのこの言葉は、LVMHグループの行動規範「①創造と革新、②卓越性の追求、③起業家精神の育成」という3つの信条にも反映されている。

古いブランドが、LVMHグループによって復活を遂げるのも、このアルノーの言葉のマネジメントによるものだ。

「～といえば、あなた」。そうなるように、あなたの使う言葉をマネジメントしよう。

アルノーの場合、「フランスといえば、ディオール」をおさえた。そして、自分をフランスの移動大使として、使う言葉をマネジメントし、行動で示した。

いまはまだ夢をかなえていなくても大丈夫。言葉を使って夢をかなえる自分になるように、マネジメントしていこう。

そのためにも、メンターの声をたくさん聴くこと。もし、メンターがオーディオセミナーをやっているのであれば、何度もそのセミナーを聴きながら、まねて練習をしてみよう。

最近ではさまざまな方法で音声を入手できる。

音声メディアの「Himalaya」や「Voicy」。以前からある「Podcast」やオーディオブック。ＴＥＤだってある。

オーディオセミナーがなくても、本やブログなどで、話している言葉を、実際に使ってみるのだ。

また、グーグルの「動画」の項目で調べれば、いろいろな人が出てくる。

動画を見て、その人のリズム、テンポ、どんな言葉を使っているのかに注意しな

から、まねするだけでも、現実が少しずつ変わっていくだろう。

さらに、実際に文字起こしをするのもおすすめだ。

文字に起こすと、その人の特徴がうっすら見えてくる。声のトーンやリズム、間のとり方、どういう言葉を使っているのかが見えてくる。

その人がその人である特徴。もちろん、過去の著作があれば、本でもいい。どんな言葉が使われているのか、調べてみる。

成長しているベンチャーは、ミッション・ステイトメントやクレド、ビジョンがあり、そうしたものを、朝礼で唱えている。こうしたものは、よくも悪くも効果的なのである。

ミッション・ステイトメントは、企業内の言葉をマネジメントしていく。

言葉をマネジメントすることによって、ブランドが維持される。

同じように、すぐれた著者になると、その著者特有の言葉がある。

言葉をマネジメントすることから、はじめてみよう。

言葉はもっともお金がかからず、もっとも、効果のあるものだ。

あなたを翻弄し導く、インスピレーションの女神ミューズ

物語の中で、女神ミューズは、きっかけを与えてくれる。

ミューズは物語を進行させていく中で現れては消えてを繰り返す。

ただ一緒にいるだけで、心が躍る存在。しゃべっているだけで、魂が喜んでいる。

過ごした時間によって、インスピレーションが生まれる。

ミューズは自分勝手で、主人公を翻弄する。でも、主人公はミューズとの経験で、自分のうちに眠る才能を活性化させる。

主人公が、ずっとやりたいと思っていたことや、やっていたけれど、なかなか芽の出てこなかった才能をミューズは開花させるのだ。


映画『マトリックス』のミューズは、トリニティーだ。

トリニティーは、主人公のネオを導き、マトリックスの世界へといざなう。メン

ターのモーフィアスとの出会いのきっかけも作ったのはトリニティーだ。ネオは、トリニティーへの愛で才能を目覚めさせる。

ほかにも、『ルパン三世』の峰不二子も、ルパンにとってのミューズだ。ちょっとセクシーすぎるけど、ルパンは不二子を愛し、不二子のためだったら、何でもする。

普段の自分だったら、絶対にやらないのに、なぜか、ミューズがいると心動かされ、新しいことにチャレンジしてしまう。

ミューズはあなたを翻弄し、インスピレーションを与え、非日常の新しい世界へと導くのだ。

だから、メンターと同じくらい、夢をかなえるにはミューズの存在は重要なのだ。

ただ、出会いの時点では、まだ特に何も起こらないかもしれない。

少し気になったり、ひかれたりするぐらい。

でも、その人といるだけで、新しい自分に近づいた感覚があるのであれば、その人の言葉に耳を傾けよう。そして、あなたの心に従うのだ。

その言葉をきっかけに、あなたは新たな行動をすることになるかもしれない。

理想のパートナーに確実に出会える魔法の求人法

「人生を共にする理想のパートナーに出会い、一緒に過ごす」

「一緒にビジネスを行えるビジネスパートナーに出会う」

こうした夢をもっている人も多いだろう。

でも、かなわない。「なんで、私はパートナーに出会えないんだろう」と、悩んでいる人もいる。

じつは、パートナーに出会う簡単な方法がある。

もう、学んできたよね。そう、理想のパートナーに出会う方法は、やはり、パートナー像を紙に書き出すことなんだ。**ただし、こんなのはNGだ。**

- 私に優しくしてくれる人
- 大切に扱ってくれる人

・一緒にいて楽しい人
・私のことを好きと言ってくれる人
・料理上手な人
・一緒に旅行に行ってくれる人

多くの人がこのようなことを書き出し、なかなか出会えない。

もちろん、このように考えることは大事。

ただ足りないんだ。残念ながら、これだけだと出会えない。

それをだれかが聞いたときに、その聞いた人の頭の中で、ヒットしないからだ。

優しいとか楽しいとかの抽象的すぎる内容は、聞いた相手の頭の中に、浮かんでこない。脳の検索結果にひっかからない。

よりパートナー像を明確にする。**あなた以外の人の頭の中でも検索できるようにしないといけない。**


では、こうしてみよう。具体的に考えてみる。

男性のパートナーなら、「身長が175センチ以上」「11月生まれ」「大阪出身」

「職業システムエンジニア」。

これはどうだろうか？　少しは検索にひっかかってくるよね。

さらにその条件に、「筋肉質」「スポーツ好き」を加えたら、もう浮かんでくるに違いない。そして、そこに好きな苗字《みようじ》や、名前、イニシャルを加えたら、ドンピシャの相手が見つかることだろう。

女性のパートナーを探していたら、「身長160センチぐらい」「3月生まれ」「肌が白い」「絵が好き」「ミュージカルや美術展が好き」。

どう、ヒットするよね。そうだ。**求人広告と一緒なんだ。**

あなたの出会いたい人の綿密な求人広告を書き出すことが大事なんだ。

この方法を使って、大阪市のHさんは、見事に理想の人に出会い、結婚されたそうだ。カギとなったのは、「身長」を具体的に書き出したこと、「スーツが似合う」ということを足したこと。

はじめてあったとき、この人だと気づいたそう。一番大切だったところは、「一緒に旅行できる」かどうか。これも満たしていたそうだ。

ビジネスのパートナーも同じだ。

あなたの足りない要素を補ってくれる人の条件を具体的に書けばいい。

「ビジネスに精通している」

「過去に何度か自分で事業を起こしている」

「デジタルマーケティングを実践レベルで3年以上している」

これだけでなく、外見もしっかり書く。

「身長が170センチ以上、生まれが関西」

こういう求人広告を、書いてみるのだ。

書いてみると、フォーカスの原理が働く。あなたの脳の検索にインプットされる。

すると脳は、自動的にその対象者を、ずっと探しつづけるのだ。

近い未来にヒットし、あなたにその対象者を伝えてくれる。

パートナーに確実に出会うことができる。

〈EMPOWERの法則〉2	[メンター＆ミューズの登場] のシーンのシナリオ作り

M (Mentor & Muse)：メンター＆ミューズの登場のシーン

夢をかなえるもっとも確実な方法は、すでにかなえた人に会うこと。
会って、教えてもらい、それをそのまま実践すれば、大抵のことはかなう。

M 言葉
あなたのメンターやミューズはだれだろう？
どんな能力をもったメンター、ミューズなのだろうか？
具体的に名前を書き出そう。

U あなた
そのときのあなたの体の状態は？
メンターやミューズから何を学ぶのか？

S シーン
あなたとそのメンターやミューズは
どんな場所で会っているだろう？

E 感情
メンターやミューズとの出会いで
どんな感情を味わいたいのか？

夢をかなえるトレーニング

ステップ1
メンターになる人を探す。
また、「本を読む」「講演会やセミナーに行く」
「身近な人にメンターを紹介してもらう」を
はじめよう

ステップ2
メンターから学ぶ。
メンターの持ち物、口ぐせを観察し、まねる

ステップ3
理想的なパートナー像、
会いたい人を具体的に描く

M

障害とパワーの発現

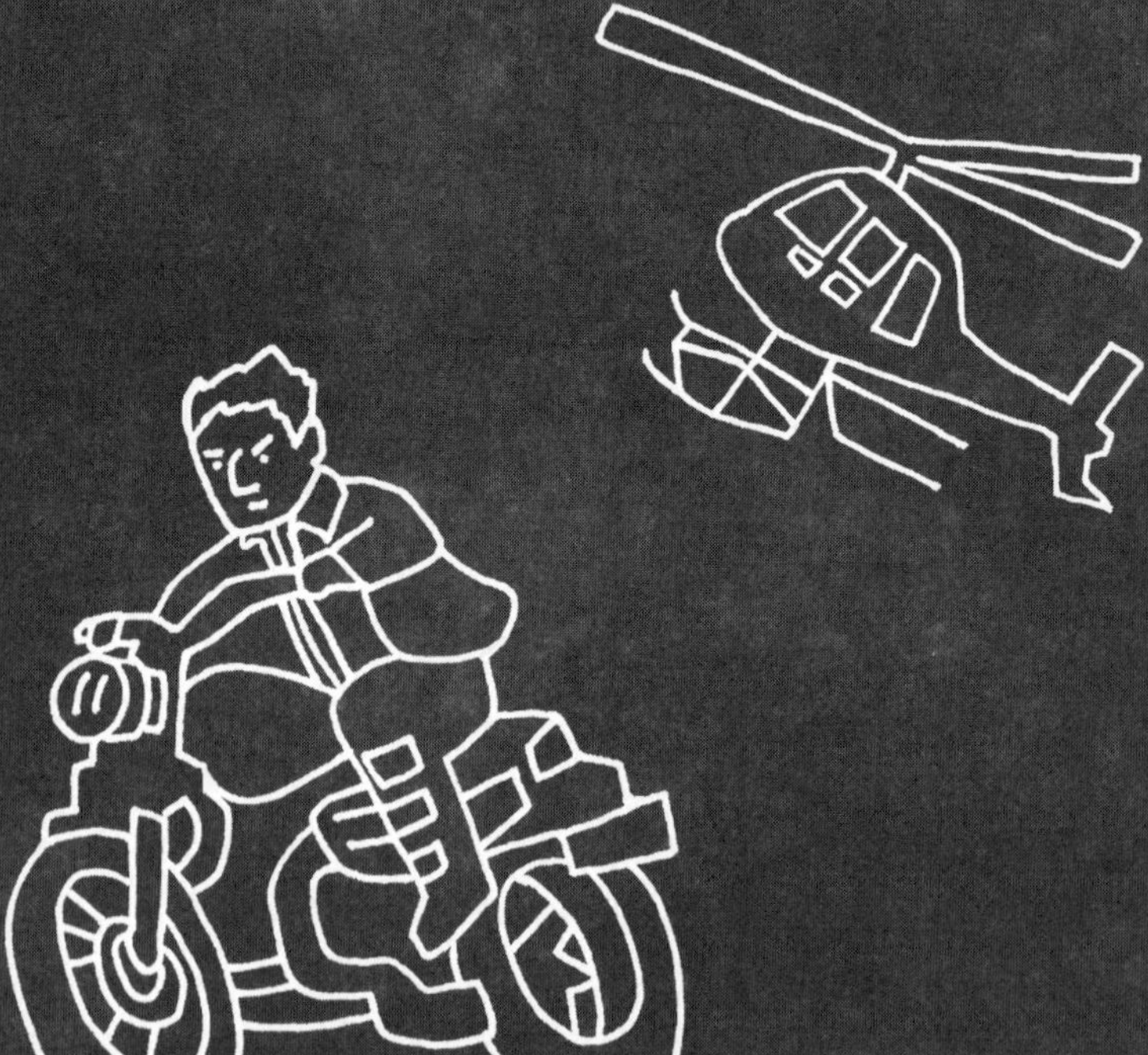

第3章
〈EMPOWERの法則〉3

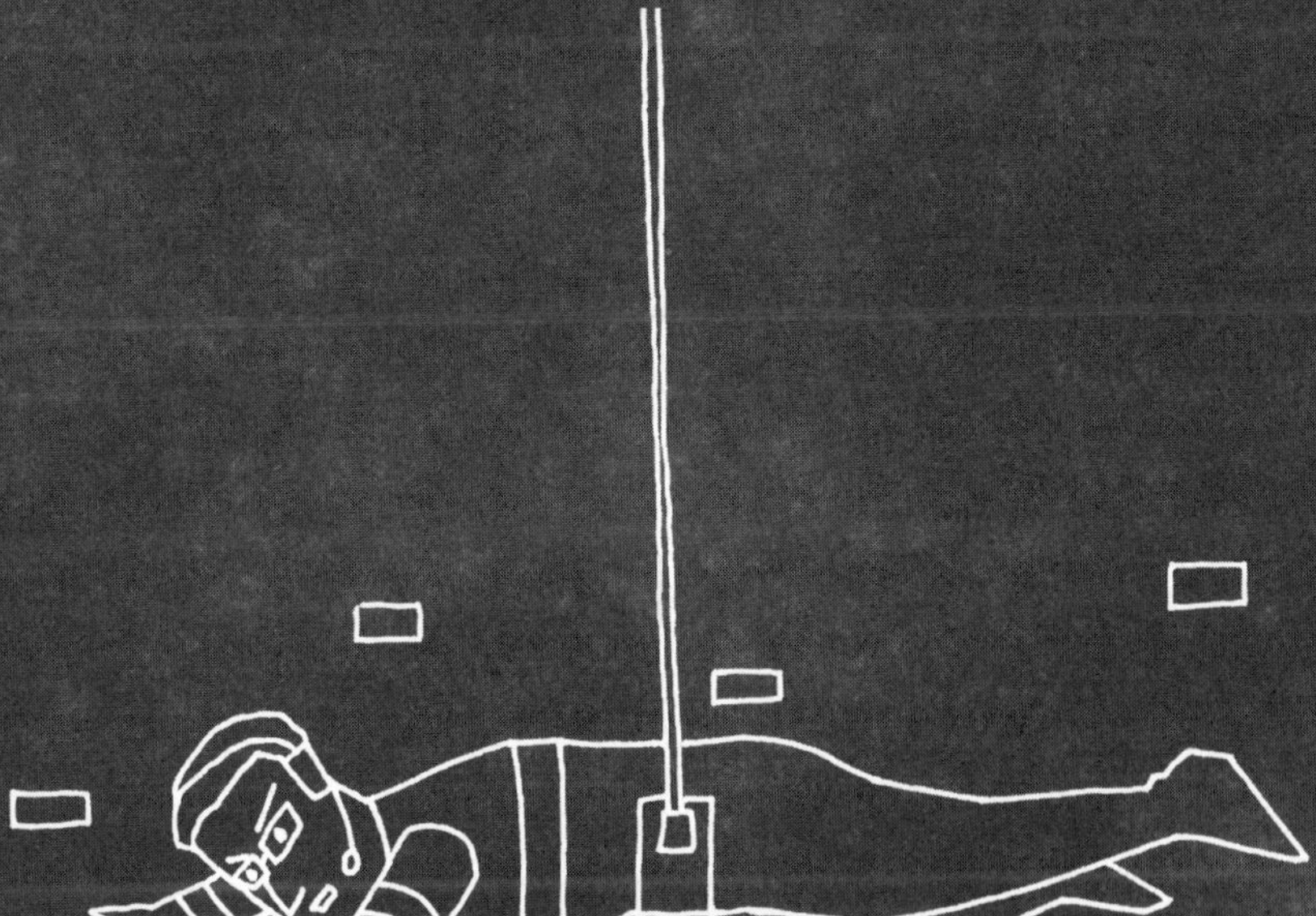

なぜ、うまくいきはじめたとき障害が起こるのか？

ＥＭＰＯＷＥＲの法則1で、理想の未来を想像し、動き出すための「緊急性」を考えた。法則2では、メンター&ミューズによって、自分に必要な理想像をより明確化させていった。

正直ここまでは、数ある成功法則の中でよく聞く内容もあるだろう。

なぜ、成功法則を学んでも、うまくいかない人がいるのか？　短期間で成果が出る人もいれば、出ないという人も多い。あるいは、かえって人生が悪化したという人もいる。それは、いったいなぜなのだろうか？

その理由は、障害が想定されていないことにある。

何かが変わろうとするときには、必ず大きな反動というのが起こるのだ。

飛行機は、離陸するまでに、大きなエネルギーが必要だ。加速し、そして、空中へ上がるまでに、さまざまな空気の摩擦を受ける。

あなたも同じだ。**夢をかなえようと、新しい言葉を考え、手で書きとめ、行動をすると、必ずといっていいほど、反発が起こるのだ。**

いつも似たような問題にぶちあたる。

多くの人は、変わりたいと思いながらも、心の中で変わってはいけないと思っている。それは映画でも同じだ。だから、試練を受ける。

『マトリックス』の世界では、メンターのモーフィアスが、ネオにマトリックスの世界に行くための試練を出す。そう、あの有名なシーン。「青のカプセルか、赤のカプセル」だ。そして、赤のカプセルを飲んで、マトリックスの世界に行くと、思いもよらない現実を見せつけられる。

メンターにあこがれて、日常の世界から非日常の世界に入ったとは思ったものの、現実は大きく異なっていたということはあるものだ。さらに、その世界の住民から嫌がらせを受ける。『マトリックス』では、ネオは、トリニティーに好意を抱いていたサイファーに嫌がらせを受ける。

『ハリー・ポッター』では、ハリーは、スリザリン寮のドラコ・マルフォイとその一味から敵視され、嫌がらせを受ける。

このように、実際行動し、変わりはじめても、周りの人の反発を受けたり、新しい世界の人から嫌がらせを受けたりするのだ。

これまで、信頼をしていた友人に、ストップをかけられる。会社の同僚から、新しいチャレンジに反対される。行動しようとした瞬間、強烈な不安が襲いかかる。信じていた人に悪評を広められる……。

「アイツは、変わってしまった」

「最近、様子がおかしい」

「昔はいいヤツだったのに」

こんなことを言われる。**でも、じつはここからが大チャンスだ。**

このような言葉は、あなたが変わりはじめた証拠。

それなのに、多くの人はここまできて、やめてしまうのだ。

障害は、新たなステージへの招待状

うまくいきはじめると、必ずといっていいほど、問題にぶちあたる。

でも、計画では、すべて予定調和のものを作ってしまう。何もかもが順調で、右肩上がり。予定どおりに進むものしか作られない。

問題が起こらない計画はほぼ存在しない。

右肩上がりにこのまま進むと思いきや、問題によって狂わされる。私は何度も、この問題にぶちあたった。

私にはこんな障害が起こった。理想の職場で働きはじめ、「ありがとう」「ありがとう」と組織内で言いはじめた。その3か月後に、こう言われたんだ。

「渡邊さんのありがとうは心がこもってないですね」

しかも嫌味っぽくね。たくさんの嫌がらせも受けた。

でもね、その人、その後どうなったかというと、どこに行ったかわからない。話も聞かない。そんなもんなんだ。

新しいことをはじめれば、批判はつきものだ。批判はあっていい。障害にぶちあたってもいい。必ずといっていいほど、批判や障害はあるものだ。

何かを実践し、夢をかなえている人ほど、いまいる場所から評価されないものだ。

全世界24億人に広まったキリスト教も、イエス・キリストが回ったとき受け入れられなかった地域があった。それは、生まれ故郷。数々の奇跡を起こしたイエスでさえも、自分の生まれ故郷にだけは受け入れられなかった。

なぜ、あなたが新しいチャレンジをすると、邪魔やブロックをされるのか？

同僚だけでなく、それも、大切な人や信頼している人からの反対があるのか？

そのひとつの答えは、あなたは大切にされているからなんだ。

反対者たちは、あなたに現状のままでいてほしい。人は、わからないというのが怖い。その人が大きく変わってしまうのは怖い。

自分にとって大切な人が、まったく違う世界に行ってしまうのが怖くて、止めることだってある。その批判の矛先は、あなたを新たな世界やチャレンジへといざなうメンターやパートナーに向かうかもしれない。

でも、**この障害の発現は、あなたを邪魔しているのではなく、あなたを新たなステージに連れていってくれる。**そのために起こっていること。

この障害をありがたいものだと思うか、それとも、批判を受けてここで終わらせるのかは、あなたの自由だ。

「引き寄せの法則は状況を悪化させる」は本当か？

夢をかなえる手法として、引き寄せの法則は有名だ。

しかし、**「引き寄せの法則を行うとかえって人生が悪くなる」そんなエビデンスがある。**

そのエビデンスとは、ニューヨーク大学で心理学を教えるガブリエル・エッティンゲン教授の研究。エッティンゲン教授によると、**願望を抱いたままだとかえって、**

人生は悪くなるというのだ。

いったい何が起こっているのか？　多くの人は、自分の願望ばかりに目がいく。夢がかなったらうれしい。

だが、人は夢を見ているうちに、実行に必要なエネルギーをなくしてしまう。さらに夢と同時に障害も考えてしまう人もいる。


パリに行きたい。心の中では「休みどうしよう。旅行費かかりそう」。

ダイエットしたい。心の中では「がまんするの嫌だな。ストレス溜まりそう」。

パートナーがほしい。心の中では「ひとりの方が楽。自分の時間がなくなりそう」。


このように、心の中で、反射的にネガティブなセルフトークを発している。だから、願望よりも、心の中で反射的に繰り返されることが実現される。

旅行に行きたいと思っていても、仕事が忙しくなり、ほかの出費がかさむ。

ダイエットしているのに、ストレスが溜まり、かえって太る。

パートナーがほしいと思っているのに、どんどん、ひとりの時間が増える。

エッティンゲン教授が行った実験でも、多くがこのようにかえって悪くなったそ

うだ。

では、どうすればよいのだろうか？

問題の多くは、「もし、Xという問題が生じたら、Yしよう」で解決できる。

それでは、ここで問題についてアプローチしていこう。

マネジメントの父、ピーター・F・ドラッカーは、問題には大きくわけて4つの種類があると述べた。

ドラッカー提唱の4つの問題

1 基本的な問題の兆候にすぎない問題
2 基本的、一般的な問題
3 例外的、特殊な問題
4 何か新しい種類の問題

まず、1の「基本的な問題の兆候にすぎない問題」。これは仕事の中でほとんど起こってくる問題だ。

たとえば、夢をかなえようとするものの、なかなか時間がとれない。その夢に関して、調べたり、検索をしたりして具体的にすればよいのに、その時間がまったくとれないといった全体に関わってくる問題だ。

2番目の「基本的、一般的な問題」は、何か行う際に常に起こってくる問題。やりたいことをやろうとすると必ず、パートナーや、家族、上司などから反対を受ける。こうしたものだ。また、自分にとっては新しくても、業界やその分野では、一般的に生じている問題。

3番目の、「例外的、特殊な問題」は、本当に数少ない限られた問題。最後に、まだだれも出会ったことのない新しい種類の問題だ。

3番目と4番目の問題に関しては、例外か、新しい問題であるから、備えようがあまりないし、たとえその問題が生じても、その場でしか解決できないだろう。

しかし、1番目と2番目に対しては解決策を事前に用意することができる。ここ

にアプローチせよと、ドラッカーは言う。

お決まりの悪循環は「もしXという問題が生じたら、Yしよう」で解決する！

ガブリエル・エッティンゲン教授も同様のことを発見した。

確かに、引き寄せの法則はそのままだとかえって人生を悪化させる。

その悪化の原因は、**願望と同時に問題を想像して、放置していること。**

エッティンゲン教授の夫、ペーター・M・ゴルヴィツァーとその共同研究者のヴェロニカ・ブランドスタッターは、いったん目標を達成すると固く心に決めたら、**その目標を実現する計画を立てることが障害を克服する助けになる**ということを明らかにした。

つまり、問題を解決できる計画を立てることで、悪いイメージはなくなり改善できるのだ。それも、**一時的な対策を作るだけで、障害に意識が行きすぎることはないのだという。**

また無意識においても、すでに対策がなされているとのことで、障害に関心がいかなくなるのだ。

だから、問題が想像できるのであれば、その問題に対して、事前に対策を考えておくことが大切だ。

その合言葉は「もしXという問題が生じたら、Yしよう」だ。

私たちの問題の多くは、過去に起こった問題と似たような感じで起こってくる。それだけだ。

小さい頃から、何か新しいことをやろうとしたときに、親から反対を受けていた人は、社会人になれば、上司から反対を受ける。似たような問題だ。

だからこそ、この「もしXという問題が生じたら、Yしよう」という想定である程度は対処できる。

「もし、新しいことをして上司から反対されたら、別の上司に提案しよう」

「もし、やりたいことをしてパートナーから反対されたら、つぎから内緒でやろう」

このようにあらかじめ考えることで、**思考で助長される問題の巨大化を防ぐことができる。**それが一時的解決策であってもだ。

また、**この「Xならば、Yしよう」は、さらにさまざまなビジネス課題も解決できる。**マーケティングの世界に「チャレンジャーブランド」の概念をもたらしたコンサルティング会社「eatbigfish.」の創設者、アダム・モーガン。モーガンは、著書『逆転の生み出し方』（マーク・バーデンとの共著）で、逆境がもたらすブレークスルーを科学的に分析し、つぎの9つの思考法を展開している。

モーガン提唱の逆境からブレークスルーできる9つの思考法

1 「それをXと考えればYできる」
2 「ほかの人たちにXしてもらえばYできる」
3 「Aを取り除いて、Bできるようにすれば Yできる」
4 「Xの知識にアクセスできればYできる」
5 「Xを導入すればYできる」
6 「AをBの代わりにすればYできる」

7「Xから資金を調達すればYできる」
8「Xを混ぜ合わせればYできる」
9「Xにリソースを求めればYできる」

ビジネスの世界では、さまざまな逆境から新しいものが生み出されてきた。

- 「5ユーロで売って利益が出る、すぐれたデザインの頑丈なテーブルを作るには？」（IKEA）
- 「広告に見えないような広告で、シューズを選んでもらうには？」（NIKE）
- 「速くない車で、レースで優勝するには？」（アウディ）
- 「洗浄力の強くない洗剤で、顧客を満足させてリピーターにするには？」（ユニリーバ）
- 「世界初のテレビゲーム……少ないデータ量で、『スーパーマリオ』を表現するには？」（任天堂）
- 「お金をかけずに、アフリカの子どもたちに薬を届けるには？」（コカ・コーラ）

・「4つの飛行路線を、3機の飛行機で運営するには?」(サウスウエスト航空)
・「試着のできないインターネット通販で、靴を買ってもらうには?」(ザッポス)

逆境や障害があるからこそ、新しいコンセプトや思いもよらないアイデアは生まれるものだ。未来のことを考えたら、現実を見て対策を練ろう。

夢がかなうかどうかは「感情」が教えてくれる

もうひとつの障害になってくるのは、ズバリ感情。

多くの人にとって、大きなチャンスほど恐れを抱くもの。

たとえば、あなたは年収いくらだろうか? その年収の10倍の報酬を渡すと言われたら、どうだろうか? 思わず恐れを抱くよね。変に勘ぐってしまう。

いまのは「恐れ」という感情。そのほかにもいろいろな感情がブロックして、動けなくなることは多いもの。

感情は、あなたとあなたの潜在意識との関係を示している。

私たちは意識すると顕在意識になる。

その意識して使うことができない部分が、潜在意識。

よく、顕在意識の情報処理量は毎秒40ビット、**潜在意識のスピードは1000万ビットともいわれる。**

つまり、潜在意識の力を少しでも活用できれば、約25万倍速くなるから、やっぱり活用したいという人も多いだろう。

感情は、潜在意識からのシグナル。

これからあなたが知りたいことや、もしくは知る必要のあることを教えてくれる。

あなたの内に秘めた才能やエネルギーを引き寄せるのもこの感情だ。

さらに、感情は潜在意識との共鳴状態を示してくれる。

あなたのワクワクが本当にやりたいことと一致していれば、いい感情がわく。一致していなければ、嫌な感情がわいて教えてくれる。

感情が強いとき、気分がよくても、悪くても、願望は強力だ。

感情が弱いとき、願望はあまり強くない。

強弱を問わず、気分のよくなる感情なら、あなたは願望実現を許可している。

強弱を問わず、気分の悪くなる感情なら、あなたは願望実現を許可していない。


この感情が引き寄せるものを決めている。

感情の度合いによって波動の周波数が決まっている。

感情は周波数の音色。あなたが放つ周波数を示しているわけだから、**あなたがよい感情を抱けば、結果はよくなる。**

突破のカギは「感情のスケール」を上げていくこと

夢をかなえるためには、感情がとても大事だということがわかった。

「E（Emotion）：達成したときの「感情」で味わう」。もう忘れていると思うけど、MUSEの法則のEは、これだったね。

感情を味わうことがあなたの言葉の力を高める。

引き寄せの法則のブームのきっかけとなった『ザ・シークレット』。この本の出演者のエスター・ヒックス、ジェリー・ヒックスは、著書『新訳　願えば、かなうエイブラハムの教え』の中で、感情のスケールについて話している。その感情のスケールとは、22ある。

感情のスケールは、あなたの感情の現在地点を教えてくれる。

つぎのページの図を見てほしい。感情のスケールの最下層の感情は、恐れや悲しみ、うつ状態だ。最上層は、感謝や愛、喜び。**1〜5の範囲に感情があるとき、言葉の力はよりパワフルになる。**

感情は何かを伝えるために起こっている。そのときに巻き起こる感情はその何かの事象で引き起こされるだけにすぎない。だけど、人は愛や喜び、自由を望みながらも、現実はそうではないこともある。怒り、悲しみ、心配、落胆、絶望、さまざまなネガティブな感情に惑わされる。

私も起こる事象に対して、心に余裕がないと巻き込まれてしまう。そして、いいようもない不安に押しつぶされそうになる。暗やみのような場所。孤独。

1	喜び、気づき、自由、愛、感謝
2	情熱
3	熱意、意欲、幸福
4	前向きな姿勢、信念
5	楽観的な姿勢
6	希望
7	満足
8	退屈
9	悲観的な姿勢
10	不満、苛立ち、焦り
11	打ちのめされている状態
12	失望
13	疑い
14	心配
15	非難
16	落胆
17	怒り
18	復讐心
19	嫌悪、憤り
20	嫉妬
21	不安、罪悪感、自信喪失
22	恐れ、悲しみ、うつ状態、絶望、無力感

でもね、**その事象で自分がどんな感情を欲しているのか？　ここに気づくことが大事なんだ。**

あなたがいまどんな感情にあるのか、その現在地点に気づくことで、あなたは、ほしい感情を選択することができる。

自分の能力を最大限に発揮するには「恐れ」と向きあう

それでは、ここで内的な障害についてお話ししておこう。

障害には、外的なものと内的なものがあり、内的な障害はあなたの心の葛藤だ。

注意欠陥多動性障害（ＡＤＨＤ）の研究で著名なハーバード大学医学部精神医学准教授のポール・ハマーネスは、**感情と思考のバランスをコントロールすることが、自分の能力を最大限に発揮する**方法であると言っている。

先ほど紹介した感情のスケールで、感情の現在地点を確認することや、あなたのうちに起こる感情の動きを知ることは、このバランスをとるのにつながる。

感情のスケールの最下層は、「恐れ」の感情だ。

私たちは、大人になるにつれて、新しいことにチャレンジしていくのがだんだん苦手になっていく。

何かを実現させたり、新しいことを行ったりするのは怖いことだ。

「失敗したらどうしよう」「弱い立場になったらどうしよう」「他人に傷つけられたらどうしよう」……どうしよう、どうしよう、どうしよう、となる。

何かをやる際に、こうした恐怖というのが見え隠れしている。

たとえば、何かをほしいと思っても、ためらってしまうことがあるよね。

拒絶の恐怖。何かをしようと思って、断られたらどうしよう。また、ほしいものを求めたら、「ほかの人に馬鹿にされそうで怖い」「嫌われそうで怖い」というのがある。ただ自分の好きなものを言っただけなのに、それを馬鹿にされるんじゃないかと。

何度か挑戦して、打ちのめされると、臆病になる。しだいに見えない鎖にひっかかって、また動けなくなる。本当は、こうしたい、ああしたいって思っても、動けなくなる。怖いほどにね。だれかに救いを求めようとしても、「もし断られたらどうしよう」ってなって、やっぱり動けない。

でもね、こうした恐れってあっていいと思う。

日常に追われていると、こうした感情に直面する。ストレスが溜まれば、ちょっとの動揺から抜け出せない。起こるかもしれないことへの懸念や心配といった不安、悲嘆、怒り、苛立《いらだ》ち、敵意。こうした感情は存在していいんだ。

あなたのうちに起こった感情を受け止めること、味わうこと。そうすることで、思考と感情のバランスをとることができる。

何かを行うときは、はじめてに限らずいつだって、公平だ。

過去に成功したからといってつぎ成功するとは限らない。ただ、知っているのは、過去うまくいったという方法だけ。

いまこれから行うのであれば、それは、いつだって同じ。ゼロからのスタートなんだね。感情は、いつだって、あなたが選ぶことができるんだ。

マイナスから抜け出せない「負け口ぐせ」の変え方

障害が起こることは、想定できた。対策も考えた。

それなのに、実際動いてみると、障害に陥って抜け出せないこともある。

障害に陥っているときは、口ぐせがすでに負け口ぐせになっている。

「できない」「邪魔されている」「うまくいかない」

「不安」「恐れ」「復讐される」「愛されていない」「憎まれている」

「やる気が出ない」「ぼーっとする」「疲れた」

「罪悪感を覚える」「裁かれる」「期待に応えられない」

「思い込んでいる」「自信がない」「評価されていない」

「死にたい」「もうダメだ」「依存から抜けられない」

「心がボロボロ」「犠牲になっている」「クビになる」

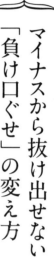

「自立できない」「執着している」「不幸だ」
「コントロールされている」「争っている」

こんなセリフを吐いていたとしたら、あなたは障害のドツボにハマっている。

もちろん、組織の中で、このようなセリフを聞くようだったら、ただちにその組織から、何らかの手段で抜け出した方がいい。

こうした言葉を発していれば、自然とそのような現実がやってくる。ネガティブな言葉が、ネガティブな現実を生み出している。

もしも、そのような現状に陥っているのであれば、すぐさま行動すべきだ。

口ぐせを「得たい感情」にするだけでも、力がわいてくる。

感謝の感情を選ぶなら、「ありがとう」「感謝しています」を口ぐせにすればいい。
愛の感情を選ぶなら、「愛している」「好き」を口ぐせに。
情熱の感情を選ぶなら、「ワクワク」を口ぐせに。
幸福の感情を選ぶなら、「幸せ」「ハッピー」を口ぐせに。
楽観的な感情を選ぶなら、「うまくいく」「よくなる」を口ぐせに。

満足の感情を選ぶなら、「私は満たされている」「私は守られている」を口ぐせに。
感情は、口ぐせで先に選ぶことができる。
口ぐせを変えて条件反射的に出るようにしてみよう。

自分に語りかける言葉が成功を呼ぶ

夢をかなえられない人は、障害にぶちあたったとき、「自分にはできない」「私はこれには向いていない」「昔から苦手だったんだ」というセリフを言ってしまう。

自分の状況を、自分の能力と結びつけてしまうものだ。わかっていると思うけど、これを繰り返すとよくない。

何度も障害に陥ってしまうとしだいに、無気力になる。「私はダメな人間なんだ」と、人はあきらめ、正当化し、その運命を受け入れてしまうものだ。

反対に、夢をかなえられる人は、すべての失敗は「たまたま」だと考えて、挑戦しつづける。

「これはどうしてもやりつづけなきゃ」「ちょっとしたコツがわかれば大丈夫」と自分に語りかける。この語りかけが重要だ。

こうした言葉を自分に語りかけている人には、２つの結末のどちらかが訪れる。

1　とてつもない妄想、幻想に終わる

2　人並外れた成功を手にする

だから、何か悪いことが起こったら、こう考えよう。

- 悪いことは、短い期間で、一時的なものだ
- 悪いことは、たまたまで、特異的な原因によるもの
- 悪いことは、自分以外の要因も含んで起こっている

数を打てば、「いつか」あたるということもある。これを「数のゲーム」という。

たとえば、私はこの数のゲームをテレアポで経験した。

ベンチャーで営業をやっていた頃、当時の社長からまったくダメなリストを渡された。そのリストは恐ろしくアポがとれなかった。100回テレアポしてもダメだった。200回、300回。もうくじけそうだったけれど、408回目でとれた。

どんなにダメなリストでも、408回打てば、あたるということを知った。

この「いつか」を知っていれば、安心だ。なぜなら、1回、2回ダメでも、408回までテレアポすれば1件は、必ずアポはとれるということになる。

この経験から私はそれ以来、アポが1件もとれないということはなくなった。だって、408回かければ、確実にとれるわけだから。

この経験は成功の法則と似ている。多くの人は、挑戦し成功する前に、あきらめてしまう。あきらめてしまえば、当然、成功は訪れなくなる。

苦しいときほど、確実にできることをする「水の法則」

「数のゲーム」から、続けることが大切だって気づいたよね。これは自然界の原理としてもそうだ。

「水の法則」という、よくされるたとえ話がある。

もしも、あなたが水で液体の状態なら、状態を変化させるとしたら、どうすればいいだろうか？

答えは簡単。そうだよね。温度を変えて、固体か気体にする。

水の温度を下げて、摂氏0度以下になれば「氷」という固体になる。温度を上げて、摂氏100度を超えれば、「水蒸気」という気体になる。


この自然界の法則は、「夢の実現」にも当てはまる。

何かが変わる瞬間というのは、この水の温度を100度にしていくのと似ている。

多くの人は、いまの状態、日常に不満をもっている。

本当の自分は違う。いまの私は、本当の私ではないと思う。そして、何かを学び、新しい取り組みを行う。

新しい取り組みを続けて、温度を上げる。日常が15度ぐらいだったのがどんどん温度が上がっていき、75度を超えはじめた。ますますしんどい。そりゃそうだ。普段の温度が15度だったのが、60度も上がったのだから、全然違う。

苦しい、キツイ、しんどい。不満の言葉を発し、この状態がずっと続くのかと思い、やめてしまう。**1度ずつ上げる行動を続け、あと25度上げるだけで水蒸気という状態に変わるのに、そのことを知らないがゆえにあきらめてしまう。**

そして、温度を上げることをやめて、次回は違うものでチャレンジする。

水の状態から、アルコールという状態に変え、ゼロからやり直す。

でも、結果は同じだ。気体になる温度まで続けられないがゆえに、途中であきらめてしまう。この繰り返し。

あなたもそんな状態になっていないだろうか？

苦しいときは、毎日、1度上げることに努めよう。

1度上げる方法は簡単。言葉の力を高めるために、ポジティブな言葉、得たい感情の言葉を繰り返す行動をしよう。

そして、夢をかなえるために、その行動をコツコツ続けよう。

小さな達成だけで、脳の認知機能は正常になる

何か新しいことに挑戦している。

けれど、なかなかうまくいかなくて挫折してしまうことがある。うまくいかないとすぐ新しいことにいろいろ手を出す。これではダメだ。

何かうまくいかないとき、すべてがうまくいかないように感じる。

たったひとつのことがうまくいっていないだけ。

それだけなのに、すべてのことが悪くなったように感じる。

この状況を脱するには、コントロール感が必要だ。コントロール感は、だれでも簡単にできること、小さなことをただやるだけで身につけられる。

イェール大学医学大学院のエイミー・アーンステンによれば、**「ちょっとした制御不能なストレスでさえ、前頭前皮質の認知能力を急激に低下させる」**という。

脳の前頭前皮質の機能不全が起きるのは、私たちがコントロール感を失ったときだけ。

私たちが状況を制御できているか否かを決定するのは、ほかでもない前頭前皮質。コントロール感がたとえ幻想でも、私たちの認知機能は正常に保たれる。

コントロール感をもつには、何度も、簡単なことを繰り返す、数をこなすこと。何かひとつでいいから、やり遂げること。

それは、ほんの小さいことでかまわない。

「毎日ごはんを作る」「毎日本を読む」「毎日ブログを書く」「毎日手帳を書く」「毎日腕立てを20回行う」「毎朝ウォーキングをする」「毎日、大好きな音楽を聴く」「朝決めた時間に起きる」「通勤時間に好きな決まった音楽を聴く」「帰宅時にカフェによって1時間自分の時間をもつ」「昼休みにひとりで呼吸を整える」……。

また、毎日ポジティブな言葉を言うだけでも変わる。

「ありがとう」や「うれしい」「楽しい」「幸せ」でもいい。こうした言葉を毎日、50回言うのもいいだろう。

言葉を50回繰り返すことは、小さい子どもでもできるよね。**小さな子どもでもできるような、小さいことをやり遂げるというのが大事なんだ。**

もしひとつのことを成し遂げられたなら、自分に対してポジティブな気持ちを抱けるようになる。もちろん、言葉を繰り返すことだけでなく、行動もする。

言葉の力をより高めたかったら、**行動も加えて、言葉を繰り返し言う。**

「ありがとう」と50回、言いながら歩く。「楽しい」と言いながら自転車をこぐ。

小さなことでも、ひとつでも成し遂げること。

これが、ポジティブなマインドを取り戻す手法だ。

どんなことでもいい。小さいことを「決めて」実践する。

決めたことをどんな小さいことでも、実践することで、私たちの日常にコントロール感ができてくる。

小さな達成を増やすというのは、越えられないと思う壁を乗り越える大きな力となってくれる。

一流スポーツ選手も実践する、勝つための言葉とポーズ

「チョレイ！」

こう聞けば、卓球の張本智和選手を思い浮かべるだろう。

「チョレイ」には、特に意味がないそうだが、点数をとったときに、大きな声を出すことで自信がついたそうだ。

同じように、テニスでは「カモン」と大きな声を出す。ラグビーでは、常勝軍団のオールブラックスの闘いの儀式「ハカ」も同じだ。

積極的な言葉を口に出すことによって、脳もそれに誘われて積極的な考えをする。

この言葉と同時に有効なのが、「ボディランゲージ」だ。

「カモン」という声と共に、ガッツポーズをとれば、脳はその状況がよりポジティブであるように信じる。

また、アメリカの社会心理学者、ハーバードビジネススクールの准教授を務めた

エイミー・カディは、著書『〈パワーポーズ〉が最高の自分を創る』の中で、ボディランゲージの重要性を伝えている。

「パワーポーズ」とは、優位と権力を導く身体姿勢のこと。

このパワーポーズを2分間とることで、テストステロンを高め、コルチゾールを減らし、リスクに対する欲求を高め、パフォーマンスを向上させることができると主張している。

障害を想定したあとに、それでもやはり障害を抜け出せない。こんなときにこそ、こうした言葉と動作が有効だ。

自分が元気になれる言葉はどんな言葉だろうかと考え、その言葉を発して、ポーズをとってみる。そうすることで、障害を乗り越えるきっかけになる。

ただ、「やったー」「よし」と声に出してガッツポーズをとる。

ただ、うまくいったときに、声を出しポーズをとる。

だれでもできることを当たり前のように、**坦々と続けることが障害を乗り越えるきっかけになる。**

うまくいかない。結果が出ない。こんなときほど、うまくいくこと、結果が出ることに意識がいってしまっているから、その意識を違うベクトルに向けてあげることが大切だ。

時に、身の危険を感じるそんな障害が起こっているのであれば、その場から立ち去ってもいい。一時的に離脱をしてもいい。**言葉を発しながら、行動をすること。**思考と言葉、行動が同時に行われることで、あなたはどんどん変わっていく。

「ありがとうロード」の法則

何かうまくいかなかったとき。馬鹿みたいに、シンプルな数こなしが有効だ。

たとえば、私の人生を変えた行動。

馬鹿げた話かもしれない。**私が行ったのは、自宅から最寄駅までの距離を、「ありがとう、ありがとう、ありがとう……」と、ただつぶやいたこと。**

端から見たらちょっと怖いよね。でもね、愚直にやってみたんだ。

きっかけは、ジェームズ・アレンの『「原因」と「結果」の法則』とウォレスD.ワトルズの『お金持ちになる科学』。

この本を読んで、すべての物質は、だれかの頭の中からはじまること、思考が現実を作るのであれば、その言葉を変えればいいことに気づいたんだ。

2浪の果てにようやく夜間の学部に入れはしたものの、ずっと自信のなかった私。1日、2日、1週間と、この「ありがとう」を続けていくうちに、不思議と状況が「ありがとう」に変わっていった。

私の周りに、自然と人が集まりはじめた。大学の授業が終わると、教授の言っていた内容を隣に座った子に解説していた。そうしたら、人だまりができた。

私はどんどん「ありがとう」という言葉を繰り返した。

すると、その人の輪は、2人から、5人、10人、20人とどんどん増えていた。**そして、気づけばその集団が、大学内でもトップレベルの成績優秀者のコミュニティになり、メンバーの多くは奨学金をもらった。**

この経験が、私のコミュニティ作りの大きな成功体験になっている。

とても、自信がついた。だれかのために、一生懸命になることで、自分でも気づいていない才能に気づいたんだ。

私が行ったことは、ただ「ありがとう」と登下校の際、自宅から最寄駅までの道で言いつづけたことだけだ。

ひそかに、その道を「ありがとうロード」と名付けてね（笑）。あきらめず、ただただ、続けた。

あなたは、いま、どんな状態だろうか？

人生でうまくいかない。毎日がちょっと思ったとおりにいかない。自分のことを考える余裕さえない。

もし、あなたがこういう状態ならば、さっそく、ブツブツつぶやいて歩いてみよう。「ありがとう、ありがとう……」ってね。

結果は行動することにより変わる。行動は思考で作られ、思考は言葉で作られる。

ブツブツと言葉を発しながら、歩くという行動を同時にすることで、結果は大き

く変わるんだ。

何か障害が起こったときに、何も考えずとりあえず、行動してみるというのがとにかく大事だ。

それは、「ありがとう」。

このたったひとつの言葉で変わるから。

〈EMPOWERの法則〉3	［障害とパワーの発現］のシーンのシナリオ作り

P（Problem & Power）：障害とパワーの発現のシーン

新しいことにチャレンジすると、不思議といつも同じような
障害にぶちあたる。パートナーの反対、同僚の反対といった外的障害や、
不安、恐れといった内的障害が起こる。

M 言葉
新しいことにチャレンジしたとき、
いつも起こる障害とは？
障害を乗り越えるきっかけとなる力は何か？

U あなた
問題が生じたときの、あなたの状態は？
問題が解決されたときの、あなたの状態は？

S シーン
問題が生じているときのシーンを具体的に思い浮かべよう。
問題がスムーズに解決されているシーンを
具体的に思い浮かべよう。

E 感情
あなたは問題が起こるとどんな感情になるのか？
問題を解決することによって、得られる感情とは何か？

夢をかなえるトレーニング

ステップ1 あなたがチャレンジしたとき、
どんな問題がいつも起こるのか？

ステップ2 その問題はどのようにして、
一時的に対処できるのか？
「Xならば、Yしよう」で考えてみよう

ステップ3 うまくいかないとき、
元気になる言葉はどんな言葉か？

ステップ4 元気になる言葉を言いながら、
数分ウォーキングしてみよう

P

新たな仲間との出会い

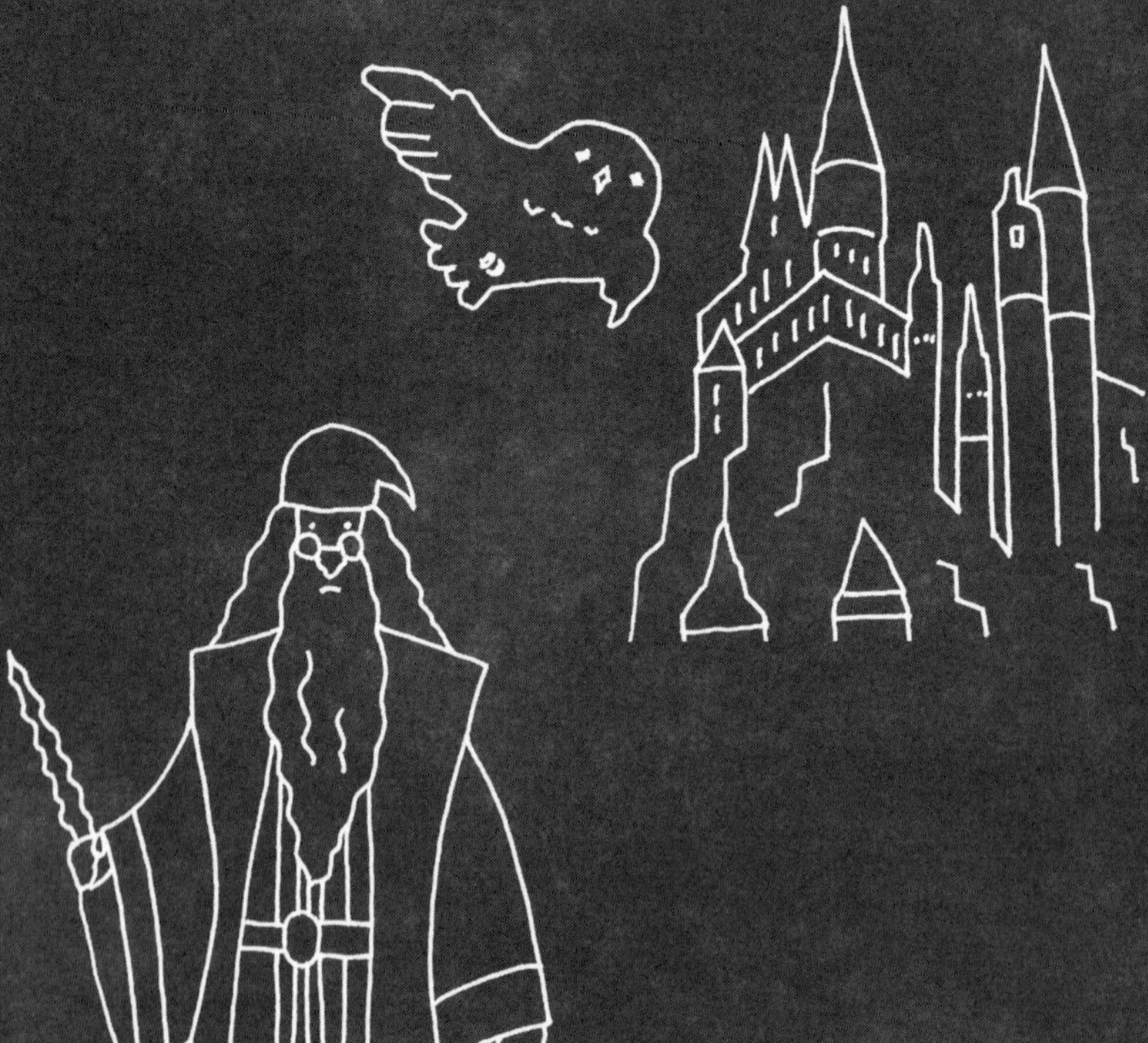

第4章
〈EMPOWERの法則〉4

仲間を全力で助けると、夢をかなえる力が高まる

不思議なことに、大きな障害に立ち向かう際に出会いがある。

障害に立ち向かう、自分の課題と向きあうからこそ、人との出会いがある。

イギリスのベストセラー作家、J・K・ローリングの名作『ハリー・ポッター』シリーズでも、同じ。

主人公ハリーは障害にぶつかり、その障害を乗り越える過程で、真の仲間に出会う。ロンに、ハーマイオニー、シリウス・ブラックなど、仲間を増やしていく。

言葉の力は、だれかと共にあることにより、より高まる。

さまざまな出来事の中で生まれる出会い。その中で、**自分も問題を抱えながらも、「この人を助けたい」と思う人に不思議と出会い、人は成長するものだ。**

あなたが心から、応援、手助けしたい人はいったいだれだろうか？

その人はどんな容姿で、どんなものを身につけ、どんな仕事をしているのだろうか？　具体的に、そう具体的に思い浮かべる。

何か問題にぶちあたったら、自分はもちろんだが、**周りにいる同じ問題を抱えている人を助けよう。**全力で助けることによって何かが見えてくる。


過去を振り返ると、私もそうだった。

『ドラえもん』が好きだったセミナー仲間がいた。とにかく好きで好きで、アニメの声をやっていた大山のぶ代さんに会いたいというのが彼の夢だった。

そこで、私と彼は戦略を練る。思い切って、大山のぶ代さんが登壇するであろうイベントを探し、2人で押しかけた。そのときまで、こんな思い切りのよいチャレンジは、自分の夢ではしたことないのに、行動をした。理由は簡単、彼の夢をかなえたかったからね。

不思議と、いろんなことが重なり、奇跡的に大山のぶ代さんに会えた。ほんの十数秒。2人のツーショットも撮れた。こんな経験をした。

この経験があったからこそ、自分の夢もかなうんじゃないかなと思った。

いま振り返れば、**夢をかなえる力は、だれかを心から応援するとより高まっていく。人を巻き込む力は、相手を応援する力で養われていく**のだ。

本の出版も同じだった。本を長年出版したいと思っていたから、出会ったビジネスパートナーも同じ夢をもっていたんだ。

私はパートナーを全力で応援した。とんとん拍子で、話が進み、企画が通り、出版することになった。そうしたら、私にも同じようなことが起こった。

私のメンター、神田昌典さんは、「フューチャーマッピング」という思考ツールを開発している。そのツールは、日常の思考回路では考えられない思考になり、ありえない行動計画を作ることができる。**その秘密は「利他の心」。**

人はだれしも、自分だけの思考だと行きづまる。本能がやりたいと思っても、理性はそれをブロックする。「本当にそれが正しいの」ってね。

だけど、自分の大切な人だったり、応援している人だったりすると、自分ではないから、本能と理性は邪魔しない。応援できる。

相手のことでうまくいくと、今度は自然と自分もそうできるんじゃないかって思える。相手がうまくいくなら、自分にもってね。

だから、「利他の心」でだれかを全力で応援することが大事。そうしていくうちに、本能と理性が整っていく。

ちなみに、日本の偉大な経営者、稲盛和夫さんも、著書『心。』で「利他の心」の大切さを伝えている。

私たちは、何かをかなえたい夢をもった瞬間に物語を発動させる。

その物語は、感情の動きを通し、主な7つのシーンを経て、6人の主要人物に出会う。出会うのは、親友、メンター、ミューズ（ヒロイン、ヒーロー）、ライバル、最大の敵、道化師（役割はのちほど解説する）。この6人。この6人のメンバーと一緒だからこそ、かなう夢がある。

だれかを応援することは、このあなたを成長させるストーリーを加速させる。応援は多大なる力を生み出すのだ。

そう**応援こそ、あなたの言葉の力を高める**秘けつなのだ。

人間関係を豊かにするワーク

感謝は人間関係を豊かにしてくれる。

ありがとうの一言は、言葉の力を高める最初の一歩。

どの人間関係に対しても、**感謝を増やせば、その人間関係も豊かになっていく。**

ここで、人間関係を豊かにする、言葉の力を高めるワークをしてみよう。

ぜひ習慣にしてほしい。そうすることで、あなたの仲間となる人が増え、豊かな人間関係になるだろう。


まず、あなたが感謝している3人の身近な人を選ぶ。それは、パートナー、子ども、両親、ビジネスパートナーでも、大切な友人でもOK。

その人の写真を用意しよう。スマホのディスプレイ上で、スマホに保存された写真や、フェイスブックのプロフィール、インスタグラムの写真でもOK。

その写真を用意できたら、それぞれの人に感謝できることを考えよう。

その人たちと一緒にいるシーンを思い浮かべよう。その人たちの好きなところはどこだろう？　その人と一緒にいて、どんなとき楽しいのだろうか？　あなたの側《そば》にいて、あなたを支えてくれたシーンが思い浮かぶかもしれない。

そして、こう唱える。たとえば、「ありがとう、山川さん。私の新しいプロジェクトを応援してくれて感謝しています」「いつも、ありがとう、お母さん。大学時代に私を支えてくれて感謝しています」のようにやってみよう。

これは心の中で唱えるだけでもＯＫ。**書けば、さらにパワフルになる。**

あなたの身近な3人に感謝するワーク

1　感謝したい身近な３人の写真を用意
2　彼（女）らに感謝できることをそれぞれ考える
3　あなたが彼（女）らとそれぞれ一緒にいるシーンを思い浮かべる
4　つぎの空欄に名前を入れ、唱える、または書いてみよう

「ありがとう。（　　　　）さん。あなたの（　　　　）に対して感謝しています」

「ありがとう。（　　　　）さん。あなたの（　　　　）に対して感謝しています」

「ありがとう。（　　　　）さん。あなたの（　　　　）に対して感謝しています」


いまある人間関係に感謝できるようになると、出会いが加速する。

あなたはどんな人に感謝しているだろうか？

仲間が集う「応援の法則」

人間関係はだれかを応援したり、助けたりすることで広がる。そして、**困っていた人を助けることにより、運が引き寄せられるのだ。**


でも、何かをはじめたいときに、「私には仲間がいないんです」という人がいる。

仲間を集めるのは単純だ。それがつぎの3ステップだ。

仲間が集う応援の3ステップ

1　自分と同じような夢をもっていて、困っている知り合いを探す
2　その人を手助けしたり、応援したりする
3　応援してみると、自然とだれかに伝わり、人が集まってくる

障害を乗り越えたとき、人は誤解する。それは、自分の力だったと。

でも、本当は違う。**だれかがあなたのために力を使ったからだ。尽くしてくれたからこそ、成功がある。**それを忘れてはならない。

そして、**才能は、自分のためではなく、だれかのために使ったときに磨かれる。**

自分の成功を、自分だけの力で成し遂げたとするのではなく、だれかが手助けしてくれたと考えている人は常に応援されるものだ。

また、だれかを心の中から応援しているときは、さまざまな才能が磨かれる。

多くの場合、「ワクワクすることをやりなさい」といわれるがそれは違う。**人に喜んでもらえて、無償でできることからはじめるのが大事なのだ。**

たとえば、私は、これでもプロ並みに写真の撮影をすることができる。

正直、一般のプロよりもうまいと評価を受ける。だけど、私はそれを経済的な目的だけには使わない。

なぜなら、それは応援することにより、才能が磨かれるからだ。

本当に心から応援したい人がいるとき、**無償に近い金額で、手助けするのもいい。**

でも、忘れてはならないことは、そのやり方では必ず痛い目にあうということだ。

残念ながら、その人はあなたに対して、適切な金額を払わないだろう。そして、それを請求すると仲たがいすることになるだろう。

与えられる方は、与えられたことに対してその恩恵を理解できず、つい無下に扱う。失ったあとに、それがどのくらいの価値があったのか気づくものだ。

だからこそ、あなたは、だれかに助けられているということを忘れてはならない。

あなたがいまどんな状態であれ、だれかに助けられて生きている。

本当はこうしてほしい、ああしてほしい、というのはあるかもしれない。それでも、助けられて生きているのだ。だれかに助けられていることを思い出そう。

あなたの才能を見出す魔法の質問

私の大好きなマンガのひとつに『ＲｉＮ』というマンガがある。『ＲｉＮ』は、音楽マンガで注目された『ＢＥＣＫ』を描いたハロルド作石作。主人公の伏見君がマンガ家を目指すマンガ。伏見君が、ミューズに出会い、夢をかなえていく物語だ。このマンガの中で、伏見君が、自分の本当に描きたい物語を描くための質問にこう答えている。

「身体の不自由な人が、もし動かせたら……どんなにうれしいだろうって」

主人公の姉はＡＬＳ：筋萎縮性側索硬化症という、だんだん体を自由に動かせなくなる病気にかかっている。主人公は姉のことを思い浮かべ、**具体的な日常の痛み**

のシーンを考え、マンガの物語の着想をした。

この着想は非常に強力だ。使うのは、ここでも「Xならば、Yしよう」「IF、THEN」だ。この方法は問題解決をする方法としても有効だ。

「（　）な痛みをもつ人が、もし（　）できたら、どんなに（　）だろう！」

こう書いてみよう。

私の場合、いくつも、この質問で新しい製品やサービスを考えてきた。私がこの方法で見つけ、現在推進しているものを紹介しよう。

・1冊20分で読める「レゾナンスリーディング」

←

「読書が苦手な人が、もし、たった1日のトレーニングで速読ができるようになったら、どんなに毎日が学び豊かなものになるだろう」

・たった22の質問であなたの才能をビジネスにする「ジブン起業塾」

←「ビジネス用語が苦手な人が、もし、シンプルな質問でビジネスモデルがわかり、自分の才能をビジネスにできたら、どんなに毎日が幸せだろう」

ここでも大事なことは、応援したい人、シーン、感情だ。

あなたの応援したい人が具体的にどうなったら、ポジティブな感情になるのか、考えてみよう。

偉業を生み出すクリエイティブ・ペア

アップル共同創業者の、スティーブ・ジョブズとスティーブ・ウォズニアック。

20世紀最高の作曲デュオの、ジョン・レノンとポール・マッカートニー。

もっとも成功した投資パートナーの、ウォーレン・バフェットとチャーリー・マンガー。

ソニー創業者の、井深大と盛田昭夫。

本田技研工業（ホンダ）の、本田宗一郎と藤澤武夫。

サントリーの、佐治敬三と開高健。


大きく長期的な夢を達成するとき、必ず相棒と呼べるパートナーが存在する。

あらゆる分野の革新は、刺激し合い、補完し合う「クリエイティブ・ペア」が生み出してきた。

天才たちは、1＋1が無限大になると感じる人とペアを組んで偉業を成し遂げてきた。


私は、サイバーエージェントの藤田晋さんの『渋谷ではたらく社長の告白』を読んで、クリエイティブ・ペアの重要性を知った。

学生ベンチャーをやり、ビジネスの奥深さを感じていたので、一生に1回の新卒を体験しようと就活をした。そして、どうせ就職するなら、ビジネスパートナーを探そうと思った。

一緒に成長できることを楽しめる相手。そのときのイメージは、声が低くて、営業ができて、一緒に成長できる人物。身長は、私と同じぐらいか少し低い。体はごつい感じ。スポーツで全国クラスを経験していて、器が大きいヤツ。何社か面接を受けて、内定をもらって、同期の顔合わせをしたとき、コイツだという存在がいた。その後、**私たち2人は、会社の成長に大きく貢献し、その会社は東証マザーズに上場した。**

現在も、私はそんなクリエイティブ・パートナーを探している。

これから、レゾナンスリーディングという速読を全世界人口の0・2%の人に広めて、世界中の読書が苦手な人を撲滅し、読書で夢をかなえる人を増やすという大きな夢を私はもっている。その夢に共鳴してくれる、一緒にやっていきたいと思えるパートナー像を常にもっている。

あなたにも、最高のパートナーが存在する。

ひとりで達成できない夢なら、一緒にできるパートナーを探そう。

それもあなたの心に共鳴するとびっきりに優秀なパートナーを見つけよう。

人生の成功確率を上げる6人のクリエイティブ・コミュニティ

クリエイティブ・ペアと書いたけど、それは、ひとりにとどまらない。

人生の中で、大切なメンバーがいる。**成功を収めるためには、必ず出会わなくてはならない主要のキャラクターがいるのだ。**

それは、親友、メンター、ミューズ（ヒロイン、ヒーロー）、ライバル、最大の敵、道化師の6人だ。

これは、個人の場合もあれば、集団の場合もある。どの役割が特に重要ということはない。**どの役割が欠けたとしても、その人の成功の確率は低くなる。**

あなたはこのキャラクターにあたる人すべてに出会っているだろうか？　もし出会っていないとするならば、その人材を募集することが必要だ。

それでは、この6人のキャラクターの特徴を見ていこう。

【親友、ビジネスパートナー】

苦しみも楽しみも共有できる「よき友」を見つけよう。あなたに対して影響を与えてくれて、しっかりとした意思をもち、活力と想像力に満ちた仲間。伝統や固定観念にとらわれず、時に非常識に実践できる友はビジネスに躍動感を与えてくれる。

また、すぐれたビジネスパートナーや頼れる仲間と協力すれば仕事はうまくいく。お互いに補完できるクリエイティブ・ペアになれるかどうかが重要だ。

最高のビジネスパートナーに出会うことは、あなたのビジネスの幅を広げ、多くのチャンスにつながる。

ビジネスパートナーを決める際には、反応が速い、お互いに認め合える、契約を守る、お金にうるさくない、プロフェッショナル……といったことも大切な要素だ。もしかすると、**最終的には能力よりもその人柄かもしれない。**たとえば趣味が一緒であるとか、相手がおいしいと言った料理を心からおいしいと思えるなど、ビジネス以外の要素が、判断の決め手となる。

【メンター】

人生を導いてくれる〝お手本〟となるメンターに出会うことが、人生の成功の力ギだ。メンターは、さまざまな経験をして、貴重な教訓やスキルを得ている。すぐれた師の教えを学ぶことで、人生を飛躍させられる。

メンター選びのポイントは、第2章でもご紹介したように、すでにあなたが目指している分野を経験していること。業界の中の第一人者、先駆者であること。**すぐれたメンターは、あなたを前向きにさせて、活力を与えてくれる。**一緒にいるだけで、リラックスして、自己信頼感が増していく。そして、適度なストレスを感じながら、新しいことにチャレンジすることができる。

【ミューズ(ヒロイン、ヒーロー)、人生のパートナー】

あなたを翻弄するインスピレーションの女神ミューズ。こちらも、第2章で解説したね。

あなたが成長することで、ミューズは人生のパートナーになる。**人生のパートナー選びは「生き方」で決めること。**どんな相手でも、生活と日常が待っている。ゆるがない気持ちと、寛容であることが大切だ。

見返りを求めず、支えてあげられるかどうか。お互いにひとりの時間がもてるかどうか。常に相手のことを思えるかどうか。……などが人生のパートナー選びのポイントになる。

【ライバル】

社会に出て、毎日一緒に働く相手はとても重要だ。一生懸命に仕事へと打ち込む同僚、そして、ライバルとの経験を通して、人は成長する。

仕事への積極的な姿勢、正しい仕事の習慣。お互いに信頼でき、そして競い合えるライバルに出会えることが、あなたの才能を輝かせる。

【最大の敵】

あなたが属する業界で、ボスとして君臨する存在。業界の中でこの人さえ追い抜かすことができたらという存在。本当の最大の敵は、選ぶというよりかは、突然出現する。ただ、こういうレベルまで到達したいと思う人を思い浮かべるといい。

【道化師】

どこか憎めなくて、何かその人がいることによって、周りがぱっと明るくなる。子ども心を忘れないそんな存在。道化師も、あなたが選ぶというより、人生の物語を進行していく中で現れてくる。

直近に連絡した20人の平均があなた自身である

人は同じような人たちで集まる。

じつは、あなたが直近に連絡した20人の平均年収があなたの年収なのだ。

モチベーション、自己啓発で有名なジム・ローンは、「あなたともっとも長い時間を一緒に過ごす5人の人間の平均があなた」という考えをもって、コンサルティングを行った。この考えをポジティブ心理学のショーン・エイカーは、著書『潜在能力を最高に引き出す法』の中で発展させた。

これらの考えは、私たちは、私たちの周りにいる人に影響を受けていることを示している。私のこれまでの経験、メンターの話からすると、年収にもこれは当てはまる。

この20人という数字は重要だ。1年に密接に関われる人は、平均して20人ぐらいなのだ。この20人がどんな人たちなのかで、あなたの人生が決まってしまう。

いま、あなたはどんな20人を大事にしているのか、名前を書き出してみよう。

1
2
3
4
5
6
7
8
9
10
11
12
13
14
15
16
17
18
19
20

では、あなたが夢をかなえた未来では、どんな20人を大事にしているのか、名前を書き出してみよう。

1
2
3
4
5
6
7
8
9
10

11
12
13
14
15
16
17
18
19
20

〈EMPOWERの法則〉4	［新たな仲間との出会い］のシーンのシナリオ作り

O（Organize）：新たな仲間との出会いのシーン

障害を乗り越える過程で、仲間に出会う。
夢はひとりでかなえるものではなく、仲間と共にかなえるものだ。

M 言葉　あなたの才能を支えるチームメンバーや仕組みとは？

U あなた　あなたが仲間に出会っているとき、あなたはどんな状態か？

S シーン　仲間と一緒に障害を乗り越え、
力を発揮している具体的なシーンとは？

E 感情　仲間たちとどんな感情を味わいたいのか？

夢をかなえるトレーニング

ステップ 1
身近な人に感謝しよう。
身近な人を3人思い浮かべて感謝しよう

ステップ 2
あなたが問題や障害を克服するときに
現れる仲間は、どんな人たち？
具体的な言葉で明らかにしよう

ステップ 3
あなたが出会いたい人物はどんな人？
容姿、身長、生年月日、出身、職業、年収、趣味、
家族関係など具体的にイメージして言葉にしよう

ステップ 4
つぎのアファメーションをしてみよう
「私にふさわしい人が、ふさわしいタイミングに、
ふさわしい方法で出現することを知っている」

新たな才能に目覚める

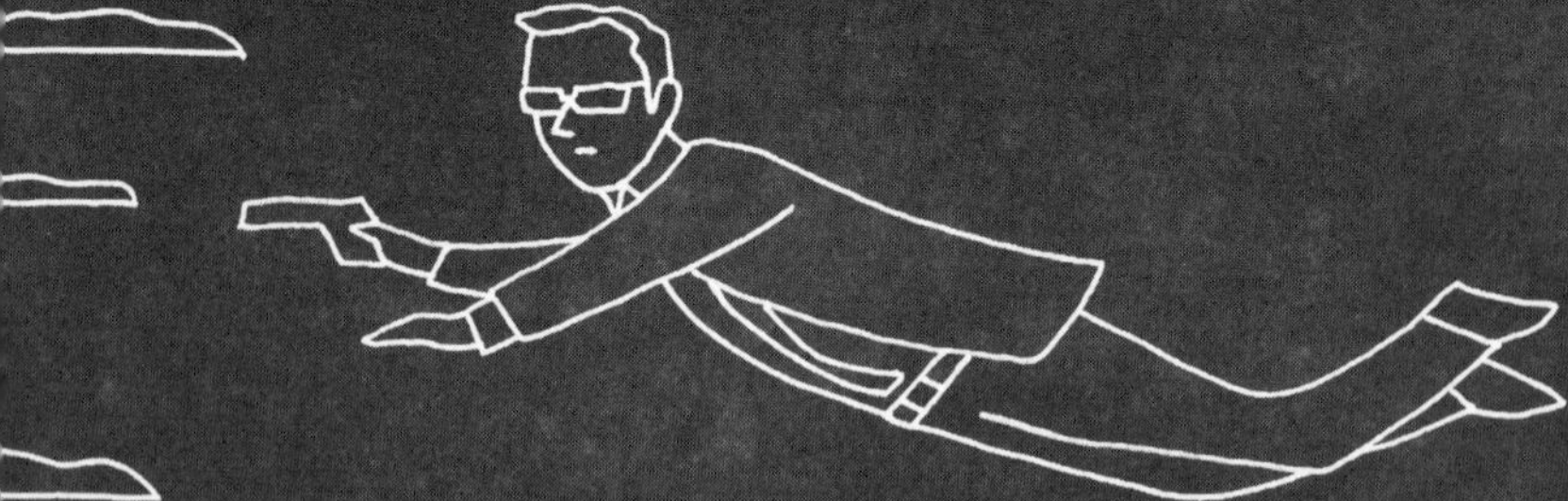

第5章
〈EMPOWERの法則〉5

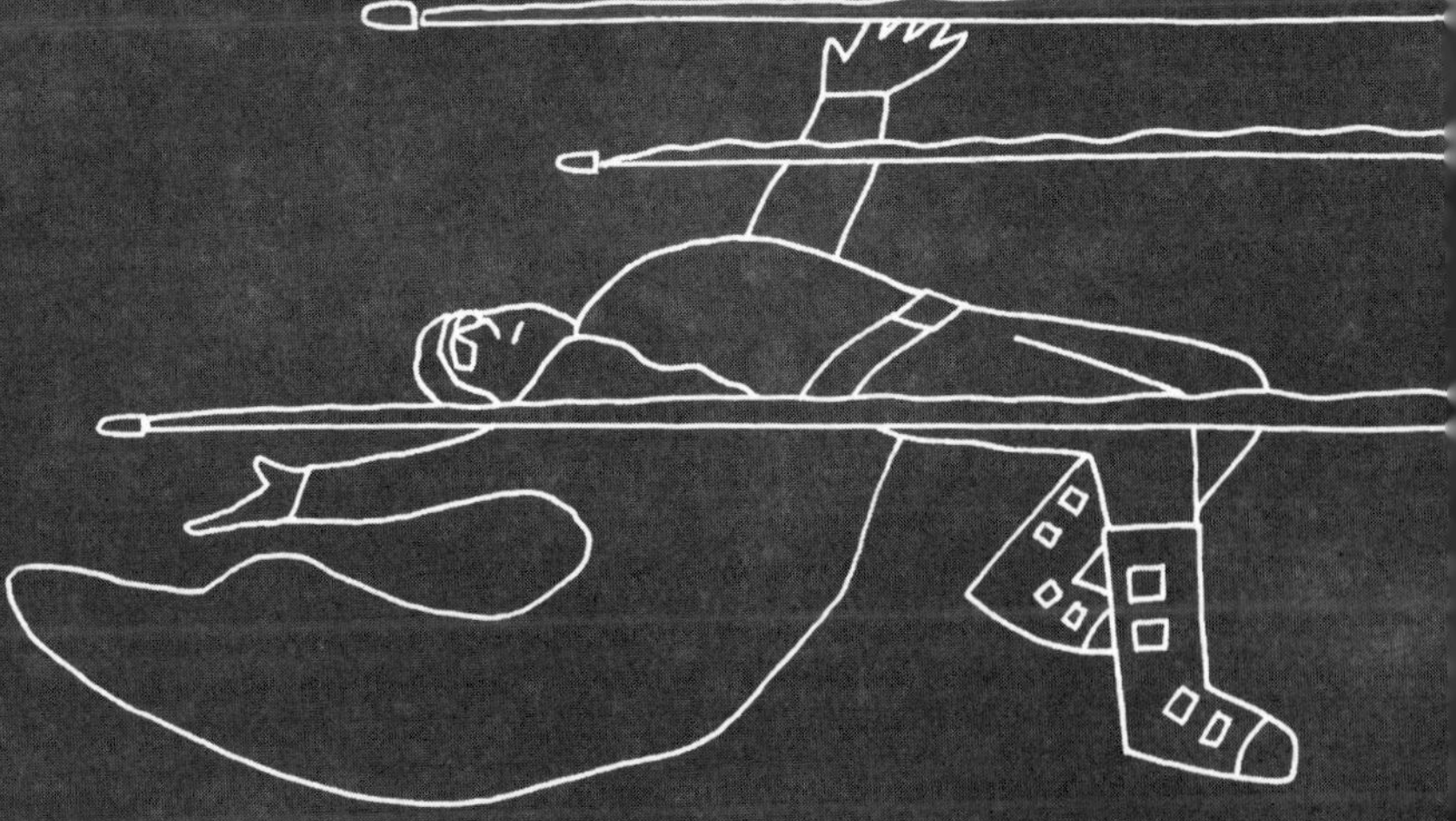

サルヴァドール・ダリの自分を高める口ぐせ

「私であることに最高の喜びを感じる」

「今日この私は、いったいどんな突拍子もないことをやってくれるのか？」


これは、世界的な画家サルヴァドール・ダリの言葉。

ダリは、毎朝目覚めると、「俺はサルヴァドール・ダリなんだ」と最高の喜びを感じた。**そして驚きのあまり、「このサルヴァドール・ダリは今日どんな突拍子もないことをやってくれるのか」と自分に問いかけたそうだ。**

ダリのように、あなたも毎朝目覚めるたびに、最高の喜びを感じるだろうか？

成功している人ほど、ダリのように、自分を愛している。

自分を高めるために、アファメーションを唱えている。

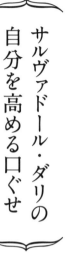

アファメーションを繰り返していると、口ぐせになる。

口ぐせが自分自身を高める言葉になると、現実がその言葉に呼応していく。ほんと不思議だ。

現実はどの言葉を信じるかに大きく左右される

2018年、物理界の巨匠が天に召された。

その人物は、スティーブン・ホーキング。スティーブン・ホーキングは数々の書籍を残した。その共著者として知られる、レナード・ムロディナウは、『しらずしらず』という本の中で、物理学の視点から脳科学を解説し、このような結論を導き出した。

「自分自身に対する前向きな『錯覚』をもつことが、個人と社会の両面で利点となることを実証した研究が多数ある。人生の出来事は物理の現象と違って、いくつもの理論のなかからどれか一つだけに従うことが多く、**実際に何が起こるかは、どの**

理論を信じるかに大きく左右されるものだ」

映画では、自分を信じることで内なる力に気づく。

『マトリックス』では、主人公のネオがメンターのモーフィアスからこう教わる。

「速く動こうとするな。速いと知れ」

また、ネオが預言者から、「あの意味わかる？　ラテン語だけど『汝を知れ』っていう意味。ちょっとした秘密。救世主であることは恋をしているのと同じ。それは自分にしかわからない」と教えられる。

私たちは、どの言葉を信じるかによって、現実が決まってしまう。

よく同窓会で、あんなに勘違いしていたヤツが……という人が意外に成功していてびっくりすることはないだろうか？　そうなのだ。**勘違いであっても、自分に起こる未来をありありと思い描いて、その言葉を信じられるのであれば、その現実は訪れるのだ。**

だから、あなたは、自分が思い描いた未来をしっかりと信じてあげよう。

それが一番の近道なのだから。

一瞬でセルフイメージを高める「肩書き」を作ろう

さらに、あなたのなりたい自分に確実になる方法がある。

それが、あなたが未来でつけている肩書きとプロフィールだ。

それを、あたかもいまそれが現実になっているかのように先に作ってしまうこと。

それを信じれば、その現実は実際に起こってしまうのだ。

自分に自信がもてない人が多い。私もそうだった。正直なところ、ずっと、自信がなかった。

これでも、事業立ち上げをいくつも成功させてきた。クライアントも利益20%アップ、中には1年で6倍も売上を伸ばした企業もある。

しかし、自信がなかなかもてなかったのである。

そこで、私はつぎのように肩書きを変えた。

「ビジネスモデル・コンサルタント」。**この肩書きをもった瞬間、自分の中に許可が下りた。**

「ビジネスモデル・コンサルタント」には、私の中で「経営コンサルタント」として、ナンバーワンに到達しないものの、「ビジネスモデルに特化。それぞれの経営要素から判断し、そこから新しいビジネスモデルを見出《みいだ》す」というイメージがある。

この肩書きにしてから、私のセルフイメージが上がった。新しいビジネスモデルをつぎつぎに作り出し、売上が伸びた。

さらには、「マーケティング・ファシリテーター」という肩書きを作り出した。そうすると今度は、デジタルマーケティングの手法がどんどんうまくいった。

肩書きは不思議だ。ただ肩書きを作るだけで、その自分になれるような気がする。**あるところで、2倍、またあるところでは6倍と、たった1年で実績が伸びた。**なりたい自分になるためには、肩書きを考えるだけでいい。

さっそくあなたもやってみよう。

肩書きとは、**「専門分野・カテゴリー」＋「人のイメージを表す言葉」＋「何の人かを表す言葉」**で作ることができる。

たとえば、あなたが、営業の分野で活躍したい場合。専門分野は「セールス」、何の人かを表す言葉として「ファシリテーター」。すると肩書きは、「セールスファシリテーター」となる。

ほかにも、文具なら、「文具コンサルタント」、カフェなら、「カフェコンサルタント」とさまざまに作り出すことができる。

つぎに、いくつか例を挙げたので、アイデアを広げる参考にしてほしい。選ぶキーワードは、過去に一番をとった得意なものか、お金か、時間、もしくはその両方を使ってきた好きなものがいい。

そして、人のイメージを表す言葉を選ぶ。これは気分や大きさだ。前につけた専門分野の言葉と合わせて声に出してみて、語感がいい言葉にする。

◎前に使える肩書き（カテゴリー）

【分野】ビジネス、セールス、ビジネスモデル、マーケティング、ライティング、プロモーション、プラン、アート、プレゼン、トーク、オーディオ、ミュージック、ライフ、ブレイン、マネジメント、クラウド、ロボット、スピリチュアル……

【部門】営業、企画、経営、会計、法律、事業、技術、ＩＴ、設計、出版、広報、広告、戦略……

【モノ】手帳、文具、ノート、ペン、パソコン、スマホ、マウス、カメラ、ビデオ、車、家、家具、不動産、名刺、雑誌、本、家電……

【体験】旅行、飲食、スポーツ、サッカー、野球、テニス、マラソン、ランニング、運転、登山、パーティ、イベント、整理、収納、計画、学習、研究、読書、記憶、描く、書く、設計、診断、起業、投資……

【ソフト】アプリ、ゲーム、エクセル、ワード、パワポ……

【学習】国語、数学、社会、歴史、地理、語学、英語、中国語、科学、物理、化学、家政学、数学、芸術、占星術、天文、陰陽道、神道、儒学、仏教、キリスト教、イスラム教、音楽、脳科学、経済、政治、経営、文学、法学、工学、国際、統計、量子力学、心理、税、会計、医学、看護、介護、料理……

【大きさ】スーパー、ハイパー、エナジェティック、クォンタム、スモール、ミクロ、マクロ……
【感情】ハッピー、ワクワク、エモーション、エンジョイ、ズボラ……

◎後ろに使える肩書き（何の人かを表す）

マーケッター、コンサルタント、プロモーター、コーディネーター、プロデューサー、デザイナー、クリエイター、アーティスト、ティーチャー、アナリスト、プレイヤー、マネジャー、ソムリエ、エディター、リサーチャー、プランナー、リーダー、ライター、ドライバー、ヒーラー、セラピスト、サーファー、バンカー、アントレプレナー、士、家、人、手……

２０１４年、イギリスのオックスフォード大学でＡＩ（人工知能）などの研究を行うマイケル・Ａ・オズボーン准教授は、共著論文『雇用の未来』の中で、コンピューターに代わられる確率の高い仕事を挙げた。

そして、いまある仕事のほとんどがなくなると同時に、なくなる仕事に注目するのではなく、**これから生み出される仕事や職業が重要**といった。

肩書きを作るだけで、あなたはその分野における、ナンバーワン、オンリーワンになれる。そして、**あなたがその肩書きの分野の市場を作ることで、その肩書きが、新たな職業となる。**

理想のプロフィールはこの法則を使って作る

肩書きと合わせ、さらにあなたのセルフイメージを高める方法がある。

それは、あなたの理想のプロフィールを先に作ってしまうことだ。

いますぐである必要はない。**1年、3年。もっと時間をかけられる人なら、10年かけて考えてみよう。**

私のプロフィールは10年かけて作ってきたものだ。だから、いまの自分に満足している。自分の将来を考えたときにどんなプロフィールをもっている自分だったら、自分のことをもっと好きになれるだろうか。

すぐれたプロフィールには、ある法則がある。

その**プロフィールの書かれている順番が、ORIGINになっている**のである。

ORIGINとは、つぎのとおりだ。

O（Only one）：1行プロフィール。何の分野のナンバーワンなのか？

R（Resources）：過去、どういう経験があるのか？

I（Identity）：その分野のナンバーワン、オンリーワンである正統性があるのかどうか？

G（Give）：何をしていて、どういうことをだれに提供してきたのか？（数字があればOK）

I（Interest）：自分の想《おも》い、哲学が客観的に表現されているか？

N（Now）：これから、どういうことがしたいのか？

そして、つぎの手順で書くと、人が集まるプロフィールになる。

人が集まるプロフィールの作り方・使い方

1　あなたのメンターのデビュー当時のプロフィールを探す
2　メンターのプロフィールを参考に、ＯＲＩＧＩＮの法則を使い、未来のプロフィールを書き出す
3　現在のプロフィールを書き出す
4　未来と現在のプロフィールの差を行動で埋める

こうやって、自分を高めるプロフィールを作って、セルフイメージを高めよう。

肯定的な言葉を使うブレイン・アップデート

「私は日々、あらゆる面で、ますますよくなっていく」

これは、エミール・クーエの有名な肯定的な暗示の言葉。
これだけで、あなたの毎日がますますよくなっていくとしたら、あなたは毎日、寝る前と朝起きたときに、10回唱えるのではないだろうか？

このような自己宣言をアファメーションという。

自分がこれから達成しようとしていること、これからやろうとしていることを常に繰り返し自分に言い聞かせることで、自動的に達成できるというのだから驚きだ。

この基本を学ぶことで、将来への不安や恐怖が減り、成功へ向けた前向きな状態を作ることができる。

自分に言い聞かせたものが、脳に伝わり、脳内の神経回路の配線をつなぎかえる。
不思議なことにアファメーションは、あなたの内面のイメージと思考パターンを書き換えてくれるのだ。

海外では、有名なスポーツ選手や実業家がこの手法を使っている。

じつは、日本でも古来、自分を成長させるために、そして周りの人たちの行動意欲をかき立てるために使われてきた。

「令和」の元号の考案者、中西進名誉教授の『うたう天皇』によれば、第一に、和歌は、神託であったという。

古来日本では、和歌は神様と人間とをつなぐ言葉であって、神聖な形式によって意思を固めたものが和歌の集。すなわち、平和な、天皇を中心とした政治の実現を、「万葉集」や「古今和歌集」「新古今和歌集」で目指した。


その後、こうした言葉の力の秘密は、時の権力者へ伝わったと私は考える。

たとえば、戦国武将の上杉謙信は、自分は毘沙門天の生まれ変わりと信じ、読経を続けた。そして、戦場では圧倒的な強さを誇った。

また、織田信長は、命運をかけた桶狭間の戦いの前に、「人間五十年、下天のうちを比ぶれば、夢幻の如くなり。ひとたび生を得て滅せぬもののあるべきか」と幸若舞「敦盛」の一節を舞い、立ったまま湯漬けを食べて甲冑《かっちゅう》をつけて出陣し、見事に勝利した。ほかにも事例はたくさんある。

このように、私たち日本人は言葉の力を知っている。日本の資本主義の父といわれる渋沢栄一も、著書『論語と算盤』の最初で、言葉の重要性を語っている。

世界でも、そして日本でも言葉の力が使われてきた。

アファメーションは効果的だ。脳は現実と想像を区別できないからだ。

アファメーションを受ければ受けるほど、脳は、どんどんその言葉を受け入れる。脳の指令を受けて、あなたの体はその言葉の実現に、自動的に向かっていくのだ。

アファメーションの力をより発揮させるには、やはり自分に言い聞かせたい言葉をマネジメントすることにある。

その言葉を視覚化し、何度も何度も繰り返して、心の奥深くまで、浸透させる。これだけで、あなたが語りかけた言葉が実現する。

アファメーション・マネジメントで言葉の力を効果的に高める

じつは、アファメーションを、私たちは日頃から使っている。

自分自身や他人に向かって使う「私は」「私が」ではじまる文章は、すべてアファメーションだ。

- 私は、ちゃんと仕事をする
- 私は、人前で話すのが得意だ
- 私は、待ち合わせ時間に間に合う
- 私は、人の相談に乗るのが好きだ
- 私は、構想を練るのが得意だ

アファメーションは、真実や信念を言葉にしたものだ。ここには、ポジティブもネガティブも関係ない。

そして、それを想像できるようであれば、私たちの脳は現実として受け取ってしまう。

アファメーションを作るときには、一人称、現在形で望む結果がすでに実現しているように書くこと。そして、アファメーションの作り方の原則も、MUSEの法則と変わらない。

そして、このMUSEの法則を踏まえた上で、言葉の力を高めるアファメーションを作るポイントは3つある。

言葉の力を高めるアファメーション・マネジメント

1　ひとつのアファメーションは、10秒から15秒くらいの長さにする
2　唱える回数は、3回から5回にする
3　日々の習慣に結びつける

習慣化のコツは、すでにある習慣に結びつけること。

朝目覚めたら「すぐ言う」でもいい。歯を磨く前に読み上げるでもいい。お風呂に入っているときでもいい。朝、出社する道でブツブツつぶやくでもいい。帰り道でもいい。

こうやって繰り返し、繰り返し、体の動きも伴って行われることによって、私たちの脳に刻まれる。あなたの脳がアップデートされていく。

アファメーションで発した言葉は、シーンと感情を生み出し、私たちの脳はそれ

をどんどん信じていく。

鏡を使うとより実現しやすくなる

ここで、アファメーションの一例を紹介しよう。

アファメーションで大事なことは、だれかの事例をまねすることからスタートし、自分のオリジナルのものを作ることだ。

自分のオリジナルのものは、何度も言っているうちに、しっくりくるものがいい。しっくりきて、その言葉は自分のことだと信じられるものだと、どんどんよくなっていく。たとえば、つぎのようなものだ。

「私は自分が好きだ」
「私は無条件に自分を愛している」
「私は、日々だんだんよくなっている」

「私はいつでも、すべての人に対して無条件に温かい気持ちを抱いている」

「私は、どんな日も、どんな時間も、あらゆるアファメーションを使ってリラックスすることができる」

「天は、私という肉体を通じ、偉大なことを行っている」

「私はすべて自分で意思決定し、他者のその権利も認めている」

「私はすべての出来事は自分のために起こっていることを知っている」

「私は自分の気持ちが安らかなのを感じます。私は安心しています。私は自分自身で安全を作ります。私は自分を慈しみ、いまの自分を認めます」

「私はありのままの自分を慈しみ、受け入れます。私は大丈夫です。人生は安全で楽しいです」

「この世の中は私の味方で、私を愛し、育み、支えてくれます。私は安心して生きています」


ここまでで、あなただけのアファメーションができただろうか？

つぎは、鏡を使ったワークだ。鏡は古来魔術と共にあった。

それは、ヨーロッパのみならず、日本でも同じだった。日本の卑弥呼の話は有名だよね。鏡を用いて国家の未来を見たんだ。

同じように、**鏡に映る自分を見て、アファメーションを唱えることでより実現しやすくなる。**日々の習慣化と合わせて、つぎのことをやってみよう。

実現度が高まる鏡を使ったワーク

1　鏡に映る自分を見るたびに、「ありがとう」、もしくは、自分が力強いと感じる言葉を言う

2　1日1回以上、鏡を見ながら自分オリジナルのアファメーションを唱える

3　寝る前に、今日よかったことを思い出し、自分に「ありがとう」と言って眠る

あなたの名前という言葉に秘められた力

先ほど、日本でも古来言葉の力を使っていたとお話しした。陰陽道の世界でも、言葉の力が信じられてきた。

言葉とは、「呪」であるとされる。「呪」という文字を見て、「怖い」「恐ろしい」と思ったかもしれない。だが、**呪というのは「のろう」という意味の前に、別の意味があるんだ。それは、「いのる」という意味。**

特に、私たちが生まれて、いただく「名前」は存在に対する「いのり」。

つまり、あなたの名前は、あなたの人生でもっとも大事な言葉。

あなたの名前をどう説明するかで、セルフイメージが決まる。

さらに、言葉の力が高まるんだ。

たとえば、私の名前「康弘」という字を説明するとき。

A：「健康の『康』に、弓を書いてムと書いて、康弘です」

B：「家康の『康』に、弓を書いてムと書いて、康弘です。『康』という字は、古代から安寧の時代の王の名前で使われたり、三代目の王の名前で使われたりしました。『弘』は、弓のように広げるという意味。そのため、私は前の時代の価値観を引き継ぎ、つぎの世に弓のように広げていく人です」

まったく違うのがわかるよね。

Aは、「健康、丈夫ですよ」というセルフイメージになる。

Bは、「先代の想いを引き継ぎ、それを広げる人」というセルフイメージになる。

自分の名前をどう説明するかで、セルフイメージはこうも違う。

どんな名前の説明だったら、あなたは自分の名前に対して、ポジティブなイメージをもてるのか？

あなたの名前の意味をストーリーで考えてみよう。

成功する経営者のもつ習慣

「お前が夢をかなえてきた、最大の秘密を吐け。さもなければ命に保証はない」

もしも、閻魔大王にこう脅されたとすれば、あなたは何を挙げるだろうか？

私は素直に、「本を読む習慣です」と答える。

なぜなら、本には良質な言葉が詰まっているからだ。

読書は、あなたの言葉の力を高めるトレーニング。

もちろん、楽しみのために小説を読むことも大切。ただ、私は成功した経営者やすぐれたコンサルタントや、専門家が書いた本を多く読む。この習慣は私だけがやっているのではない。

短期間で成功する経営者を観察すると、驚くほどに本を読んでいる。

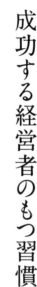

大成功した経営者に話を聞くと、「経営はセンス」という。**そのセンスを磨くために「大量に本を読んでいる」という。**

マイクロソフトやホンダ、マリオットなどをクライアントにもつマーケティング分析ソフトウェア開発の「トラックメイヴン」という会社がある。

その創業者兼CEOのアレン・ガネットによると、**「センスはコンテンツの消費量に比例する」ということが最新の科学でわかっているという。**

いま成功している人ほど、コンテンツの消費に1日の20%を当てているというから、本を大量に読むことは、成功するための最低条件だろう。

本は、ほかの媒体では得られない魅力がある。

その最大の魅力は「疑似体験」にある。すぐれた経営者や学者が何年もかけて、体験、研究した成果。それを、ほんの数時間で学べる。

成功だけでなく、失敗の体験も学べるのは魅力だ。

本を読まない人は、大変なハンデを背負っているとしか思えない。

本を読むことの効果は、単に知識が増えることだけではない。

時間が増え、発想力、そして、行動力も高まる。

「時間が増える」とは、どういうことか。**それは本を読む習慣が身につくと、1年＝12か月が、まるで14か月、24か月のように増えるんだ。**

ある調査によれば、人は1日に2時間も悩んでいる時間があるという。しかし、**本を読めるようになると、その「悩み」に対する解決策が自然に見つかる。**

毎日2時間悩めば、1週間で14時間。月に60時間。年間に直せば、730時間。この時間を捻出することができるのだ。

さらに、読書をすると、発想力が高まり、とにかくどんどんアイデアが出てくる。

なぜ、そんなにアイデアが出てくるのか？

本という情報の刺激を受けるから、新しい発想が出てくる。**新しい発想が出てくるから、行動もどんどんできる。**新しい行動計画が生まれるから、自発的な行動ができる。

本は、音楽や映画という受動的なメディアとは違って、自発的なメディア。だから、読書をすることは、あなたの自発的な行動力を高めてくれる。

本を大量に読むことが「言葉の力」を磨く

本を大量に読む。これは夢をかなえる人に共通するポイントだ。夢をかなえる人ほど、本を読む習慣をもっている。自分の言葉を磨いているのだ。

しかし、私は20歳になるまで、本をまったく読むことができなかった。もちろん、読みたい本はあった。でも読めない。ベッドに入って、本を開く。その2分後には、はい、夢の中。つぎの日、また20分後には、はい、また夢の中……。

こうやって繰り返して読むから、当たり前だけどまったく頭の中に残らない。昨日読んだところをまた繰り返して、結局1年に1冊。多くても3冊。これが私の平均冊数だった。ひどすぎるよね。

しかし、いまは違う。こんな私でも**毎日、数冊の本を読み終えている。**1日1冊でも、驚かれるかもしれないが、さまざまな活動を日々しながらも1日で数冊読む。

書籍費に、年間500万ほど投じ、平均3000冊超の本を毎年読む。これまでに2万冊の本を読んだ。

しかも、これだけ速く大量に読んでも、頭には残っている。さらに、自分のほしい情報を適確に手にすることができるようになった。

こんなにも速く本を読むことができるようになった理由は、速読を学んだこと。そのひとつが「フォトリーディング」。

フォトリーディングとは、フォトという名称からもわかるように、文章を写真のように読み取っていくという情報処理スピードを飛躍的にアップする画期的な方法。

私はこの手法を学び、そこから、世界各国の速読、加速学習法を研究した。さらに、**脳科学、認知心理学、古典を研究し、新しい速読法「レゾナンスリーディング」を開発した。**

興味のある方は、ぜひ前著の『1冊20分、読まずに「わかる!」すごい読書術』を参考にしてほしい。

デジタル時代の新しい本の読み方

ここでは、一瞬にして読書スピードが速くなるコツだけお伝えしたい。

一瞬にして読書スピードが速くなるコツ

1　呼吸をゆったりとさせて読む
たった1分間、ゆったりと呼吸するだけで、意志力、集中力が高まることがスタンフォード大学などの意志力研究でわかっている。

2　文字が見えないレベルで素早く、本をパラパラさせてから読む
文字をパラパラさせることで、なじみ感が生まれやすくなる。

3　読む目的を決める

私たちの脳は明確な目的をもった瞬間、目的を達成するために必要な情報を探してくるようになる。

ジョージ・ワシントン大学の心理学者ウィリアム・スティクスラッド教授は、最新の研究で、デジタル化された社会において、読書の在り方が変わったことがわかったと述べている。

スティクスラッド教授によれば、私たちは、デジタル情報に浸りつづけたことで、**視覚情報に対するすぐれた記憶力とデジタル情報を読み解いていく方法を実践的に学ぶ能力を身につけたそうだ。**

それは視覚情報の処理の仕方だけでなく、本の読み方さえ変えてしまったという。

読書は、これまで直線的に進むものだった。気をそらさず1行ずつ、1ページずつ読んでいく。著者の意見を正しく把握することが目的だった。

しかしいま、コンピューターでの作業に多く時間を費やす人は、読み方が異なっている。**キーワードを探して結びつけていく、いわゆる拾い読みだ。**

だから、従来の読書目的である「書かれた文章の内容を把握する」だけでなく、そこに加えて、**書かれた文章の内容を把握する中で起きる「筆者との対話」が必要だ。**

あなたがその文章から感じる著者と出会い、ときには共鳴したり、反発したりして、その対話の中で、新しいものを生み出していくのが読書の醍醐味《だいごみ》なのではないだろうか？

そのために、まずは、自分の大切なこと、自分の欲している情報に関するキーワードを探して、結びつけていく拾い読みからでもいい。

言葉の力を磨くため、そして夢をかなえるためにも、本をたくさん読むことをおすすめする。

〈EMPOWERの法則〉5	［新たな才能に目覚める］のシーンのシナリオ作り

W（Wanted）：新たな才能に目覚めるのシーン

チームができるからこそ、個が埋没してしまう。自分自身の新たな力や経験が必要になってくる。その力とはいったい何か。

M 言葉
チームを乗り越えて、さらなる高みへと
自分を成長させるために必要なこととは？
どんな分野の圧倒的なナンバーワン、オンリーワンになっているのか？

U あなた
あなたが才能を発揮しているとき、
体はどんな感じがするのか？
そのときに身につけているファッションはどんなものだろう。
どんな音や声が周りから聞こえてくるだろうか？

S シーン
あなたが才能を発揮しているシーンは、
どんなシーンか？

E 感情
あなたは才能を発揮しているとき、どんな感情なのか？
才能を発揮してどんな感情を味わいたいのか？

夢をかなえるトレーニング

ステップ1 夢をかなえる過程でどんな才能が新たに必要になるのか？

ステップ2 夢をかなえる自分の肩書き・プロフィールとは？

ステップ3 鏡に映った自分に向けて、アファメーションをする習慣をつけよう

最大の
難関の出現

第6章
〈EMPOWERの法則〉6

最大の難関と疑似的な死

その日は、突然訪れる。

思った以上に早く、そして、突然だ。

自分の力が開花したと思ったのも、束《つか》の間、大きな難関が突然訪れる。あなたが夢をかなえる中で、突然、窮地に陥る出来事がある。


映画では、必ず主人公は疑似的な死を与えられる。

『ハリー・ポッター』シリーズでは、ハリーは必ず、ヴォルデモートの手下か本人に殺されそうになる。

『スター・ウォーズ　エピソード5／帝国の逆襲』では、ルーク・スカイウォーカーはダース・ベイダーに利き腕を切り落とされたことにより、純粋な人間ではなくなる。腕の喪失と同時に、ダース・ベイダーの正体を知ることになる。そして、新しく手に入れた機械の腕は、ルークがまったく別の人物になったことを表す。

主人公は、一度（疑似的に）死ぬことによって、これまでとはまったく違った視点を得る。

これまでの、ただ一方向のみの観点から、**まったく違った観点を得ることによって、新たな自分へと変容するのだ。**

あなたも夢をかなえるためには、疑似的な死が必要になる。大きく変わっていく分岐点だ。**以前のあなたの力を一度消滅させる必要がある。**この疑似的な死が、あなたの新たな一面を作り出してくれるのだ。

私はベンチャーでリンチにあい、首に赤い手の跡が残るぐらい絞められ、危うく死にかかった。

売上が伸びていたのに、突然のコンサル契約解除にもあった。役員会に出席したら、クーデターにあい、とつじょ解雇されたこともあった。

こうしたことは、第1章の緊急性のところでも話したが、これは緊急性だけでなく、最大の難関だった。いまとなってはこの経験があるからこそ、新たなコンテンツや手法を生み出し、大きな広がりを見せている。

しかし、これは多くの人に必要ない。この最大の難関は描き方次第だ。

あなたはどんなふうに自分のストーリーの設定を変容させていくのか？

あなたの負のストーリーはこうして生まれる

最大の難関。じつは何度となく繰り返される。

それは、古傷。社会に出てから、自分が成功してうまくいったと思ったときに、その現象は、かさぶたがはがれたように、あなたの前に現れる。

「成功した」「うまくいっている」と思ったのに、なぜそれが起こるのだろうか？

あなたの中に眠る「負のストーリー」があるのだ。

私の場合、幼い頃、妹と双子の弟が生まれるときに、祖父母の家に預けられた。大人になって、その期間を聞くと、たった1か月ほどだったらしい。それでも、私にとってそれは永遠にも思えるほど長く感じた。

そして、私は「両親に大切にされていない」ように感じたのだろう。当たり前だが、兄弟ができれば、親の関心は年下の子にいく。私への関心はしだいに少なくなっていく。さらに、双子の弟は亡くなり、両親の愛は手に入らないと感じた。それでも、双子の弟たちの人生も生きると決める。


心理学では、「どのようにして親の関心を自分に向けたのか」が、その人の行動パターンになるため、重視される。

ある人にとっては、それは「いい子に振る舞うこと」かもしれないし、ある人にとっては「あやまること」、ある人には「悪いことをすること」。

その行為を通じて、両親の関心を得られたことを確認すると、今度はそれを繰り返し、くせになる。

いい子を演じることで、関心を得られた子はいい子を演じつづける。悪い子を演じることで、関心を得られれば、どんどん悪い子になっていく。

本当は、ただ親の温かみを感じたかっただけなのに、ただ振り向いてほしかっただけなのに、それが自動的な行動パターンになってしまうのだ。

そして、この行動パターンは機能しているときはいいが、だんだんと機能しなくなってくる。**結果、その状況が反転することが生じる。**

いい子を演じつづけた子は、いい子を演じることが嫌になり、悪い子になる。悪い子を演じつづけた子は、突然優等生になる。

こんなに極端ではないかもしれないが、なんとなくわかるだろう。

トラウマのループを乗り越えろ

こうしたことには幼少期の経験だけでなく、学校経験も含まれる。

私は中学1年生のときに、クラス全員からハブにされた。原因は私にも当然あったと思う。小学6年生のときに引っ越してきて、中学は自分ひとりだけ違う学校に進学した。入学したときからコミュニケーション言語が違った。文化も違った。

クラスで起こった問題を私のせいにされ、どんどんエスカレートしていった。そのときの経験が、トラウマになっている。

クラス全員からハブにされる前に、ちょっと仲良くなった子からは、「お前、それやっていると嫌われるよ」と言われた。

その意味がわからなかった。「怖い」「傷ついた」「変わっている」「おかしい」。そうやって、陰口をたたかれて、ハブにされた。

あとから、思えば、それはいじめだったのかもしれないけど、私は全然屈しなかった。屈しないから、どんどんその行為はエスカレートした。クラスで起こる問題のほとんどが私のせいにされた。

あまりに悔しくて、悲しくて、あるときベランダの扉を蹴った。大きい音がなって、ガラスでできた扉が割れた。その瞬間、クラスの空気が変わった。

でも、ただだれも口を利かなくなっただけだった。

その後、2年生に上がると、1年生のときにだれも口を利いてくれなかったのが、嘘のように変わった。そのきっかけは、隣の席の子に勉強を教えたこと。たったそれだけのことで、状況が変わったのだ。

この経験から、私の中で、「悲しい」「悔しい」「寂しい」という感情を満たそうとして、**「怒る」という行為が、頭の中で肯定的とフィードバックされた。**

だから、苦しい体験をしたときやつらいめにあったとき、自分に余裕がないときに、「怒る」という行為を繰り返してしまった。**何かがうまくいって、助けてほしいときに私は、「怒る」というくせが出てしまうのだ。**

そして、この**「怒る」という行為が何度も出たあとに、起こる事象は信頼している友や人の裏切りだ。**

そのときのセリフはこう。「お前、嫌われるよ」「もう、お前とは一緒に仕事したくない」。これに似たセリフを何度も聞いた。

さらに、追い打ちをかけるように、その後、その環境で起こるすべての負が私のせいにされる。**まさにトラウマのループだ。**

「怖い」「傷ついた」「意味がわからない」「変わっている」「おかしい」と聞くと、こうした経験がフラッシュバックされる。これらのセリフはスイッチになっていた。

こういうことは、だれにもあることだよね。人から見たらささいなことでも、本人にとっては重いもの。でも、自分だけが特別だとは思わないから、正直にあなたに話した。

このループはとてもつらい。でも何度も繰り返す。その経験を包み隠さず話した。

この本を読んでいるあなたには、こんな経験してほしくないから……。

もちろん、過去の経験がよかったこともたくさんある。

中学2年生のとき、隣の席の子に勉強を教えたことが私の人生を変えた。同じように、大学で変わったのも、人に教えたから。社会人になっても同じ。

だから、私は、「人に教える」「人を助ける」という行為が、好きなんだ。それが、どんどん助長されて、いまコンサルタントという仕事やセミナー、講演会で人に教えるという仕事をしている。

あるクライアントは、自分に関心を向けたいときに、「好きにしたらいいよ」というセリフを言ってしまっていた。

本当は、自分を優先してほしいはずなのに、**苦しくなると、そのセリフをよく口にした。**そして、いつも大事な人が去っていってしまう状況を招いていた。

ここで考えてほしいのは、夢がかなう過程で、どんなトラウマが引き起こされるのかだ。あなたがいつも、最後の最後でうまくいかなくなってしまうのは、こうした**過去の経験がフラッシュバックされているだけかもしれない。**

こうした過去を見るのは正直つらい。

しかし、「こうしたことが、いつも引き起こされているのかもしれない」と気づくだけで、つぎの未来は変わるのだ。

禁じ手が突破口！ブラックな自分を演出せよ

あなたには、禁じ手はないだろうか？

これだけは絶対やりたくない。こうはなりたくない。

トラウマのループの突破口は、禁じ手に許可を出すことだ。

最大の難関は、自分で設定した成長の限界によって引き起こされる。一生懸命、まじめにコツコツやってきた人ほど、このトラップにハマりやすい。脱皮のタイミングなのだ。

まじめな人ほどおすすめなのは、この禁じ手を行うことだ。そう、ブラックな自分を演出するのもひとつの手段なのである。

もちろん、その禁じ手をすぐやるということではない。

禁じ手を意識したら、**その禁じ手に「どういう条件」を付け加えたら、自分はその方法を許せるのかを考えてみよう。**

いままでやっていないことをやれば、すぐに結果は出る。

私にとってそれは、「セールスライティング」だった。

ビギナーズラック！　書けば書くほど、どんどん売れる時期が続いた。

しかし、2日で200席。700万ほど売り上げた文章を書き上げた直後、突然書けなくなった。書こうとすればするほど、どんどん書けなくなった。

あとから振り返れば、私の中で、「必ずオリジナルの文章でなければならない」ということが思考をブロックしていた。

もちろん、完全なオリジナルなどこの世に存在しない。それにもかかわらず、オリジナルでなければならないとずっと思い込んでいたのだ。

私はそこで、**過去売れたセールスレターをそのまま書写することにした。**書写をして、リズム、テンポをトレースする。タイピングするだけでなく、何度も声に出して読み上げてそのリズム、テンポが体に染みつくようにした。

そして、そのリズム、テンポが体に残った状態で文章を書いた。そうしていくうちに、自分の文章が戻ってきた。どんどん、書くのが楽になった。自然に自分の文章が書けるようになった。


トラウマのループの突破口は、あなたの中に眠っている才能だ。

あなたが無意識に禁じていることは何だろうか？

あなたの中にある禁じ手の設定を書き換え、許可を出そう。

「ワクワクすることだけやる」「好きなことだけする」が失敗する理由

多くの人にとっての悩みのひとつは、「お金」じゃないだろうか？

「成功したらいいな」「お金をたくさん稼ぎたいな」という気持ちは、だれもがもっている。しかし、**「成功したらいいな」ということと、「成功に向かって行動する」**

ということの間には、大きなギャップがある。

「行動するってことは〝現実世界に落とす〟ってことだ。簡単にいえば、きちんと稼ぐことだ」と、よくメンターがそう言ってくれたのを覚えている。

夢をかなえるには「稼ぐ力」も必要だ。なぜなら、稼ぐ力はあなたの夢の実現を加速させてくれるから。

それでも、多くの人が稼ぎたいと思っても、なかなか稼げてないことだろう。

日本人は、稼いではいけない、お金をもってはいけないというのを、教育で教えられつづけてきた。

でも、あなたの夢を加速させるには、やはりお金は必要だ。だとすれば、どのように、見方を変えればよいのだろうか？

「ワクワクすること、好きなことをやっていれば、成功する」

「世のためにやっていれば、お金はあとからついてくる」

あなたも、何かの本やだれかの話で聞いたことがあるかもしれない。

これらの言葉は、聞く分にはとてもいい。それを聞いて、気持ちが前向きになるなら、それでもいい。

ただ、現実は甘くない。ワクワクすることで稼ごうとしても、多くの場合うまくいかない。

私はこれまでの十数年の間に、この言葉に惑わされた人がビジネスをはじめるのを何度も見た。残念ながら、うまくいった人はそう多くない。

正直な話、**ただワクワクすることで稼ごうとしているのは、宝くじと同じぐらいあたる確率が低い。**1等をあてる確率は、2000万分の1。2000万回挑戦して、1回あたるかどうか。

じゃあどうすればいいのか？

まず、あなたのお金に対するイメージを変える必要がある。そのルールは3つ。

夢をかなえる稼ぐ力のつけ方

1　お金に対するポジティブなイメージをもち、愛情表現をする

2　自分の年収は自分で決めること

3　だれかの痛みを癒す「稼ぐ言葉」を使う

つぎから順番にお話ししていこう。

お金持ちは、お金にかける言葉をもっている

私は20歳の頃、お金持ちにとにかくたくさん会った。お金持ちの人に話を聞くと、それぞれにこだわりをもっていることに気づく。たとえばつぎのようなこだわりだ。

「お札のナンバーは、8がいい、ゾロ目はとっておく」
「財布は黒の長財布でファスナー式」
「お札はマネークリップがいい」
「お札はそろえて、同じ向きにするとお金が入ってくる」

多くの人は、なぜこんな馬鹿げていることをするのかと思うかもしれない。

習慣はさまざまだが、お金持ちは、純粋にお金が好きだということが共通している。好きだから集まってくる。本当にお金を大事にする。

印象に残っているのは、ある上場企業の役員だったメンターから教えてもらった習慣。お札が入ってきたら、アイロンでしっかりしわを伸ばす。水を霧吹きでかけて、「ありがとう」と言って中温で一気にアイロンをかける。

「なべちゃん、こうお札を言いながら、お札のしわを伸ばすとね、お金がまた入ってくるんだよ」と教えてくれた。

また、日本一の占い師のメンターからは、「お札は使うときに、『ありがとう』と心の中で言い、1回振って使うとお金を連れて戻ってきてくれる」と、教えてもらった。

普通の人は、お金で買えるモノやサービスが好きだけど、お金持ちは本当に〝お金自体〟が好きだ。銀行の通帳を見てはニヤニヤ、ニタニタしている。本当にお金を愛しているんだ。愛情表現している。

そして、**「お金の哲学」と「お金にかける言葉」をもっているんだ。**
あなたもお金を手にするたびに、「ありがとう」と、お金に感謝してみよう。

「私の年収1000万円」と紙に書いたらかなった！

私はベンチャー時代、ゼロから数億のビジネスを生み出した。ただ、立ち上げ間もないこともあり、年収は少なかった。

年収が少なくて、そのことについて悩んだこともある。そのベンチャーの会社の中で、私はひとつ実験をしてみることにした。

それは、「自分の年収を自分で決める」ということ。

その際に、「私の年収1000万円」と紙に書いて、スーツの内ポケットに入れておいた。

すると、いくつかの企業から仕事のオファーがきた。その依頼は月50万円の業務だった。ただ契約書をよく見るとインセンティブがついていた。

それから、私は契約書にサインをして、一生懸命、無我夢中で働いた。とても楽しかった。

いまでこそ、相当な〝ブラック〟になってしまうが、朝6時に出社し、深夜3時に帰る、そんな生活をした。新しいプロジェクトということもあり、とにかく楽しかったのだ。気づいたら、**インセンティブは膨大になり、年収は1000万円を超えていた。**

あなたの年収は、あなた自身が決めている。

嘘だと思うなら、紙にあなたの望む金額を書いてほしい。

そうすれば、あなたもその年収になるだろう。

悪魔のように「稼げる言葉」はだれかの痛みを癒す

価値とは「情報の配列」で決まる。これは私のメンターの教えだ。

たとえば、レクサスとトヨタは、車という構造は一緒で、同じメーカーが作っていても、大きく異なる。一方は、プレミアムブランドで、もう一方は大衆ブランド。その違いは**情報と配列にある。**

この「情報の配列」こそ、稼ぐ言葉につながる。

私が独立して間もない頃、食べていくための切り札になった方法だ。

当時、私は事業の立ち上げを何度か経験していたものの、自分の文章にまったく自信がもてなかった。事業を立ち上げ、営業力はあったものの、文章力はまるでなかった。ましてや、独立した当初はフリーランス。ライティングの力が求められる。月に数度のセールスレターを通して、自分の給料を稼がないといけない。

そんなときに、勉強し直したのがコピーライティング（ダイレクトマーケティング）だ。もう一度学び実践してみると、思いもよらないほど成果が出た。

1通メールを出せば、売上5万円、10万円……気づけば100万円に。

たった1通のメールで、2日で1席数万円の講座が100席以上売れた。

いくつもの年間売上1000万円超のセミナーコンテンツも、プロデュースすることができた。

まるで心を悪魔に売ったかのように、メールを出せば、お客が集まったのである。

私はこれを「悪魔の文章術」と呼んでいる。

方法は、ある手順で文章を書くのだが、悪魔……とはいっても、じつは**そのポイントは、「人の痛みを癒す言葉」にあるのだ。**

ちなみにこれは、日本にダイレクトレスポンスマーケティングをもち込み、広げた神田昌典さんのノウハウや、古典といわれるロバート・コリアー、ジョン・ピープルズ、テッド・ニコラスのノウハウ、また最近のコンテンツライターのアン・ハンドリーや、コピーライターのレイ・エドワーズにも共通している。

圧倒的にモノが売れる「悪魔の文章術」

悪魔の文章術は、とにかく売れる。

心を悪魔に売ったかのように、ある手順で文章を書くと、商品やサービスは驚くほど売れる。

そして、ビジネスで大事なのは、タイミングと人の痛みを知ることだ。**正直、人の痛みにさえ関心を寄せれば、ものは売れる。**

その手順の参考になったのは、神田昌典さんが提唱している「PASONAの法則」だ。「P：問題、A：親近感、S：解決策、O：提案、N：ナローダウン、A：行動」だ。

また海外では、著名なコピーライターのレイ・エドワーズが著書『How to write copy that sells』の中で「P、A、S、T、O、R」というフレームワークを提唱している。「P：人、問題、苦痛、A：増幅、S：ストーリーと解決策、T：変革と証言、O：提案、成果物（モノ）、R：反応」となっている。

私はこれらを使っているうちに、「EMPOWERの法則」に置き換えた。つぎのとおりである。

悪魔の文章術×EMPOWERの法則

E【緊急性】：顧客が直面している問題や切望する欲求の「シーン」を明確化する

M【これまでのモデル】：その問題を身近に感じるように過去に経験した同じ痛みや望みの「シーン」を描く

P【問題と力】：その問題は難しい。でも、問題解決、欲求を実現できる方法があることを伝える

O【機能】：具体的な提案、機能、構成を説明する。サンプル、お客の声、価格、特典など

W【才能】：提案を受け入れ、問題解決することで、新たなメリットが得られるのか？

E【難関】：緊急に行動をしなければならない理由を挙げ、行動へのあと押しをする

R【新世界】：その商品を購入することによって、人生がどう変わるのか？　その新たな世界を伝える

たとえば、**スティーブ・ジョブズのプレゼンもこの法則に当てはまる。**
iPhoneの発売のときのプレゼンはこのようになっている。

E：「数年に一度、すべてを変えてしまう製品がある」
M：「アップルは恵まれた製品を出してきた。Mac、iPod……」
P：「今日革命的な3つの新製品を発表します」
O：「ワイド画面のタッチ操作のiPod、革命的な携帯電話、画期的なネット通信機」
W：「3つの独立した機器なのではなくひとつの独立したデバイスなのです。その名はiPhone。今日、アップルが電話を再創造します」
E：「スマホの基本操作を覚えるのも嫌、ボタンも変更できない」
R：「iPhoneにはすべてが入っている」

この文章テクニックは、非常に効果的だ。

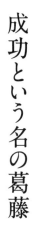

成功という名の葛藤

最大の難関というのは、成功の先に訪れるのかもしれない。

自分のやりたかったことをやっていると、実現したあとに、そろってこう言う。

「私がほしかったのはこんなんじゃない」

せっかく、いろんな人を巻き込んで夢をかなえたのに、手にしてみると、「本当はこんなことしたくなかった」「私はやりたくなかった」と言って、周囲をぎょっとさせる。

自分自身が意思決定を行って、実行したのは自分だ。その結果に対して、責任をもてないとは、いったいどういうことなのだろう。

ノース・カロライナ大学で臨床心理学を教えるミッチ・プリンスタイン教授は、著書『POPULAR「人気」の法則』の中で、その気持ちの変遷を7つの段階に当てはめている。

第1段階：高揚感――人からの注目と崇敬に有頂天
第2段階：圧倒――どうしたらいいかわからない
第3段階：苛立《いらだ》ち――私を放っといてくれ
第4段階：依存症――この天国はいつまで続くのだろうか？
第5段階：分裂状態――これは本当の私じゃない
第6段階：寂しさとうつ――だれもわかってくれない
第7段階：ステータスからの逃避――一番ほしいものはこれじゃない

私たちは成功すると、他者からのイメージと自己像のギャップに苦しむ。

そして、世間とのイメージと自分がやりたいこととがかけ離れていくことに苦しむ。

多くの場合、市場から求められることと、あなたのやりたいことは完全に一致しない。たとえ、うまくいったとしても、それは一時的なもので、やがてかけ離れていく。

たとえば、こうしたことは音楽で明らかだ。

名プロデューサーがついて、作った音楽は世間に大評判で売れた。

しかし、自分たちのやりたい音楽はこんなんじゃないといって、次回作は自らがプロデュースして作曲する。**結果、まったくファンに響かなかった。**

こんなことはよくあることだ。だが、それに気づけたということが大事だ。

その後、自分たちの音楽を求めて、解散するアーティストもいるし、追求して、ファンは少なかったけれど、がんばって復活したアーティストも多い。

大切なのは、あなたがどんな世界を築いていきたいかだ。

「神の帳簿」と「ありがとう帳簿」

人生は時に残酷だ。応援をして、応援した相手は大成功をしたのに、結局、自分は与えるばかりで、何もない。案外、そういうことも多い。

私もそうだった。私の友人やクライアントはうまくいった。十数億稼ぐ人もいれば、年収を倍増させる人も数多くいた。想像以上にうまくいった。

私は彼らが成功するまで、労力と知力をつぎ込み、一心不乱で貢献をした。**いつかその貢献は必ず返ってくるものだと信じていた。しかし、実際は違った。**

人はお金をもつと人格が変わる。変わってしまった人に時間とお金と労力を投じてしまった私は、人を見る目がなかったのかもしれない。

人の欲望は無限だ。そこそこの成功で満足すればいいのに、実際は満足できず、人と比べて悩むものだ。比べなきゃいいと思いながらも、何年も何年もつきまとってくる。自分の中にドス黒い何かを感じ、それを感じるたびに嫌になる。

いいことをしたはずなのに、なぜ、こんなに悶々《もんもん》としないといけないのか？

ルネッサンス期の天才レオナルド・ダ・ヴィンチを研究していた頃、私はある発見をした。コジモ・デ・メディチという人物に興味をもったのだ。

メディチ家は、銀行家、政治家で、パトロンとしても知られる。ルネッサンス期の天才、ボッティチェリ、レオナルド・ダ・ヴィンチ、ミケランジェロ、ドナテッロなどを輩出した。コジモは、その礎を作った人物だ。

コジモは、さまざまな事業に複式簿記を使ったことでも知られる。そして、経営の帳簿だけでなく**「秘密帳簿」といわれるものも持っていた。**

その秘密帳簿のひとつに、赤い革表紙の手帳がある。

それは、〝God's account（神の帳簿）〟と書かれた手帳。**コジモがこれまでに、どれくらい神に貢献してきたかが、書かれている帳簿だ。**

神から恩寵《おんちょう》を賜って得られた富と教会や修道院の造営や改修のためになした寄進、困窮している人々や同胞のために行った支援などの収支が記録されている。

当時のコジモは、苦しんだのだろう。よいことを行っているはずが、本業である銀行は、金貸し業務。でも、利子を受け取ることは、聖書の教えで禁じられていた。その苦しみから逃れるために、記録していたのかもしれない。

私はここからインスピレーションを得て、**「ありがとう帳簿」**を作ることにした。**過去自分がどれくらい、人のため、世のために貢献してきたのか……それを書き出した。もちろん、天から与えられた好機も記した。**

この「ありがとう帳簿」は、まだキャッシュ化されていない内容も記録されている帳簿だ。人への応援は、利他であるため、自分には戻っていないことも多い。それはわかっている。

わかっているのだが、やはり、心が弱ったときには、どうしても、報われない気持ちがある。**この「ありがとう帳簿」を書くことは、この人や社会に対する貢献が見える化できるので、それを見るだけで安心する。**

「ありがとう帳簿」を見ながら、「天は私という存在を使って、どんなことをしたいのか？」と問う。「天は、まだこの貢献に対して、対価を支払っていない。天が私に富を与えることで、私は私という才能を使い、周りにいる人をもっと豊かに幸せにできる」……そう考え、気持ちを引き締めるのだ。

コジモも、きっと「神の帳簿」を見て書き込みながら、金銭を稼いだことに対する罪悪感から解放されていたに違いない。

私も、まだまだだなと思いながらも、「ありがとう帳簿」を見て、満たされない感情を解放している。

成功の葛藤を乗り越える「ありがとうノート」

夢をかなえると同時に、自分にとっての禁じ手に手を出せば、悪魔に魂を売った気持ちになる。コンサルティングやプロデュースをしてきて、そういう人を何人も見てきた。先に説明した、「成功という名の葛藤」があるのだ。

そんなときに、おすすめなのが、**「ありがとうノート」**だ。

日々にありがとう。こう言いつづけていても思いのほか、ありがとうと思えないことがある。何かうまくいっていないときほど、日常に感謝できていないことが多いものだ。

2017年にドイツ、フランクフルト・ブックフェアに行った際に、特異なブースがあった。

スピリチュアル界の大出版社「ヘイハウス」だ。ここからは、ドリーン・バーチユーをはじめ数々のベストセラー作家が生まれた。

その創業者であった故ルイーズ・ヘイの数ある著作の中に『love your body』という一冊がある。

この本は衝撃だ。**自分の体の部位に感謝し、アファメーションを唱えていくのだ。**この本から影響を受けて、自分の体に感謝するようになった。そのアファメーションはつぎのようなものだ。


私の思考よ、ありがとう。私の思考は私の体の美しい奇跡を認識させてくれる。私は生きていることに感謝している。私は、アファメーションを唱えることが、私自身を癒す力をもっていることを知っている。

私の目よ、ありがとう。私は完全なビジョンをもっている。私は世界にあるすべてが明確に見える。私は過去も、現在も、未来も、見通すことができる。私は人生に起こる出来事から選択することができる。私は人生を通して、新しい視点を手に入れられる。

私の耳よ、ありがとう。私の周りに起こる調和された音を聞くことができる。

私はよい知らせや出来事を聞ける。私は目に見えないメッセージを聞くことができる。私は耳を通して、いろいろな人の声や意見を受け取ることができる。私の鼻よ、ありがとう。私は、さまざまな世界の匂いを嗅ぐことができる。私は、この世界に起こるさまざまな出来事の本質を嗅ぎ分けることができる。私の口よ、ありがとう。私はさまざまな素晴らしいアイデアを口に出すことができる。私は新しいコンセプトを打ち出し、意思決定を行い、真実を打ち明けることができる。また、私は口を通し、さまざまなものを味わうことができる。

私の声よ、ありがとう。私は自分自身のことを話すことができる。愛や喜びを歌える。私の言葉は人生の音楽だ。

これをノートに書き出していく。**体の部位に「ありがとう」と言っていくのだ。**

つぎは、**ありがとうを「周りの環境」や「シーン」に対して言っていこう。**

どんどん、ありがとうとノートに書いていくとそれだけで満たされていく。感謝であふれた毎日に切り替わっていくのだ。

〈EMPOWERの法則〉6	［最大の難関の出現］のシーンのシナリオ作り

E（Encounter）：最大の難関の出現のシーン

夢をかなえるための最大の難関にぶつかる。
難関という疑似的な死を通して、人間的に大きな成長を遂げる。

M 言葉	あなたの夢で最大の難関はどんなことだろうか？
U あなた	最大の難関に遭遇して、それを乗り越えている あなたはどんな状態だろうか？
S シーン	最大の難関はどんな場所か？ だれがいて、どんな雰囲気が難関だろう？
E 感情	あなたは最大の難関を通して、どんな感情を味わいたいのか？

夢をかなえるトレーニング

ステップ1　**私が無意識に問題として感じていることは何か？**

ステップ2　**私が禁じ手として使っていない手に、どういう条件をつけたら実行できるのか？**

ステップ3　**「私は天から与えられた難関を乗り越えることによって、新しい世界を作る」と唱えよう**

E

新世界の誕生

第7章
〈EMPOWERの法則〉7

あなたが夢をかなえた新世界はどんな世界？

あなたが正しい言葉と、感情で6つのシーンを生み出すことによって、かなえた夢。それによって、どんな新世界が誕生するのか？

『スター・ウォーズ』シリーズでは、ルーク・スカイウォーカーがダース・ベイダーを倒すことによって、一時的に銀河系に平和をもたらした。

『プラダを着た悪魔』では、編集長ミランダの推薦により、主人公アンドレアは、かねてからの希望だったジャーナリストとなった。

あなたが夢をかなえることによって出現する「新世界」は、どんな世界なのか？その世界が誕生することにより、どんなことが起こるだろうか？

たとえば、私の場合、夢は、1冊20分で読める読書法「レゾナンスリーディング」を全世界の人口の0・2％の人たちに広めることだ。

このことにより、読書が苦手な人がいなくなり、読書で夢をかなえる人がどんどん増えていく世界になる。

あなたはどんな世界を出現させたいのか？　考えてみよう。

レゾナンスの法則

最後の章でお伝えしたいのは「レゾナンスの法則」だ。

「レゾナンスって何？」そう思う方も多いかもしれない。

レゾナンスとは、日本語で「共鳴、共振」を意味する。**レゾナンスの法則とは、波動によって万物がコミュニケーションしているというものだ。**

私たちが知っている世界のありとあらゆるものは、それぞれのペースで振動している。

人間の臓器や細胞も振動している。心臓の「ドクンドクン」という鼓動により、私たち自身も振動している。

物質のエネルギーを調べれば、ありとあらゆるものが振動していることが確認できる。物質を固定化しているのは、周波数をある程度一定に保つことができているからだ。

中には、同じ周波数、あるいは似たような周波数で振動している物体もある。

たとえば、ピアノで考えてみよう。

ピアノは鍵盤をたたくと、たたかれた弦と共振したすべての弦が同じように振動して音を奏でている。

ピアノと同じように、私たちの世界はありとあらゆるものに周波数という「波」が絡んでおり、ありとあらゆるものは振動している。

共鳴しているかぎり振動しつづける。

私たちの波動に共鳴する人やものや体験は、私たちが作り出した「レゾナンス・フィールド」（共鳴の場）から逃れることはできないのだ。

だからこそ、あなたが作り出したい世界は、どんな世界なのかイメージすることが大切だ。

新世界を描くことからはじめよう

言葉の力を高めると、不思議なことに**自分の本当にやりたかったことが見えてくる。**それも、未来の自分になりきって考えているからこそ、ありありとその情景が浮かんでくるのだ。

長期的に夢を加速させる「EMPOWERの法則」は、最初は「E：緊急性」ではなく、「R：新世界」を考える方がより効果的だ（そのためにも前章で夢の見つけ方を説明している）。

Rからはじめて、EMPOWEを考えて、最後に、もう一度、Rを考えることで、**「未来→現在→過去」と「過去→現在→未来」が統合されていく。**

もう一度、振り返って、7つのシーンを考えてみよう。

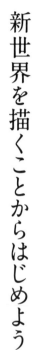

新世界からはじめる「EMPOWERの法則」

R（Resonance）：新世界の誕生のシーン

「夢をかなえることで、あなたの人生はどのように変化するのだろうか？」

「あなたが才能を開花させることで、切り拓《ひら》かれる世界はどんな世界だろうか？」

E（Emergency）：緊急性のシーン

「あなたの夢が動き出す、緊急性の高いポジティブな出来事とは？」

M（Mentor & Muse）：メンター&ミューズの登場のシーン

「あなたの夢をすでに達成している人に出会うとしたら、どんな人物で、どんな場所で出会っているだろうか？」

P（Problem & Power）：障害とパワーの発現のシーン

「新しいことにチャレンジしたとき、いつも起こる障害とは？」

「障害を乗り越えるきっかけとなる力は何か？」

O（Organize）：新たな仲間との出会いのシーン

「あなたの才能を支えるチームメンバーや仕組みとは？」

W（Wanted）：新たな才能に目覚めるのシーン

「チームを乗り越えて、さらなる高みへと自分を成長させるために必要なことは？」

「どんな分野の圧倒的なナンバーワン、オンリーワンになっているのか？」

E（Encounter）：最大の難関の出現のシーン

「あなたの夢で最大の難関はどんなことだろうか？」

R（Resonance）：新世界の誕生のシーン

「夢をかなえることで、あなたの人生はどのように変化するのだろうか？」

「あなたが才能を開花させることで、切り拓かれる世界はどんな世界だろうか？」

あなたが夢をかなえたとき、いったいどんな新世界が訪れているのだろうか？

ありありと思い描いてみよう。

【WHEN】夢をかなえたのは、いつ？
【WHERE】どんな場所にいるだろうか？
【WHO】あなたを応援、支援してくれる人は、どんな人だろうか？
【WHAT】どんなことをして多くの人を豊かで幸せにしているのだろうか？
【WHAT2】あなたはそのときどんな感情を抱いているのか？
【WHY】なぜ、あなたはそんな素晴らしいことをすることになったのか？
【VISUAL】どんなものがあなたの目の前に見えているだろうか？
【AUDITORY】どんな心地のよい声や音が聞こえてくるだろうか？
【KINESTHETIC】どんな体感覚があるだろうか？
【OLFACTORY】どんな心地のよい匂いがするだろうか？
【GUSTATORY】どんなものを食べているだろうか？

10円玉に隠された秘密
～日本で最初のビジュアライゼーション～

〝ある古代の建造物〟が言葉の大切さを教えてくれる。

私たちがよく知る貨幣には、粋な計らいがされている。

10円玉の表には、何が描かれているだろうか？

そう、「宇治平等院鳳凰堂」が描かれている。**この「宇治平等院鳳凰堂」には隠された秘密があったのをご存じだろうか？**

宇治平等院鳳凰堂は、栄華を極めた藤原道長の子、頼通が建てたもの。

頼通は、のちの阿衡《あこう》事件（政治紛争）などでいい印象がないけど、じつはすごいいいヤツなんだ。

父の果たせなかった願い、極楽浄土に行く夢をかなえようと思い、仏教を調査。

本当に、極楽浄土に行こうとした。

だけど、あの世の話。どうやったらいいかわからなかった。そこで、いろんな人に話を聞いた。その中で、仏僧の源信に出会った。

源信は、頼通に言った。

「私なら、あなたを確実に極楽浄土へ導ける」

この源信が言う**「極楽浄土に行く方法」とは、「ビジュアライゼーション」だったのだ。**

これは、源信の書いた『往生要集』に書かれている。

「仏の髪の毛の数を知っていますか?」「服装は?」「どんな大きさ?」……と、ありありと具体的に事細かに思い浮かべることと書かれている。

そして、頼通はこのビジュアライゼーションを知り、いつでも極楽を具現化できればいいと宇治の別荘を改築する。それが、宇治平等院鳳凰堂。別名「小極楽」。想《おも》いを実現するために「ビジュアライズ」したそこは、**いわば願望実現の初期の形だったのだ。**

また、宇治の地には、日本ではじめて「論語」を受け継いだ菟道稚郎子《うじのわきいらつこ》に縁深い土地でもある。菟道稚郎子は、応神天皇を父にもつ皇子。王仁から「論語」を教わり、儒教の神髄を究め、兄へと天皇の地位を譲った。言葉の力を学び、思考を変え、行動を促した。

だから、10円玉は粋だよね。**私たちが、10円玉を使うたびに、この願望成就の力が働いている。**

「言葉の力を高める」最強のトレーニング

前章で、ワクワクリストを書いてもらったが、それに関する写真や動画を集めよう。**集めたあとに、今度はその写真を言語化する。**

その写真を見て、実際にその写真を言葉に表してみる。

これは、最強のトレーニングだ。

たとえば、あなたは家がほしいとしよう。

ほしい家を探し、その写真を印刷する。

これまでの成功法則は、ただ視覚化する、ビジュアライゼーションということの状態で終わってしまうのだ。

ここに願望実現の秘けつがある。

印刷したそのほしい家の写真を、言葉で描写してみるのだ。

たとえば、白い家がほしかったら、「白い家に住む」と書き出す人が多いだろう。では、ここにいくつもの白い家があったらどうだろう。どの白い家がほしいのかがわからなく、天は迷ってしまうのだ。だから、具体的に書く。

「白い家で、2階建てに屋根裏がある。柱は1階に6本、2階に6本ある。家の目の前には、階段があって、階段を下りたところに、赤いイスが4つある。赤いイスの前にはプールが広がっている」

このように具体的に書く必要がある。もちろん、そのほかにも住所や、どのぐらいの金額の家かを書いてもいい。

大事なのは、ほしいものをただ探すだけでなく、**探したあとにしっかりと言語化するトレーニングだ。**

あなたの「声」は、最強の願望実現ツール

あなたの最強の願望実現ツールのひとつは、「声」である。

すぐれた人は必ず、独特のよい「声」をしている。

私のメンターで、数々の能力開発ツールを開発したアメリカのポール・シーリィ博士は、声が特徴的だった。聞いているだけで、トランス状態に入ってしまう。そんな魅力的な声の持ち主だった。

その秘密は、ポール博士の声が「倍音」だったこと。

倍音とは、ひとつの音だけでなく、二音以上重なって聞こえてくる音だ。**倍音で、言葉を発するとそれが現実化しやすい。**

じつは、日本人はもともと倍音の持ち主だった。

その理由を元テレビ神奈川のアナウンサーで、早稲田大学国際言語文化研究所招《しょう》

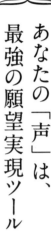

聘《へい》研究員の原良枝さんは、著書の『声の文化史』の中でこう語っている。

日本のありとあらゆるものは、音を吸収しやすい材質でできている。そのため、声が響かない。声が吸収されてしまう。声をしっかりと届けるためには、倍音を作り出す必要があったのだ。

また、**もともと日本人は文章を読む際、声に出していた**そうだ。

「黙読」と「音読」の歴史をひもとくと、東京大学大学院情報学環教授の橋元良明さんによれば、平安期の女流作家の日記では、「見る」系動詞と、「読む」「誦《ず》す」系の動詞を使い分けていることから、黙読は平安時代にできていたという。

音読の文化は、大正時代まで色濃く残る。日本人のおよそ8割が、大正時代まで黙読より、音読をしていたのだから驚きだ。

おそらく、**その音読も倍音だったに違いない。**

歴史で活躍したエリートは、倍音を用いた素読を通じて、学び、自分の声を磨いたと思われる。

自分の声を磨くことは、言葉により力をもたせて届けることになる。言葉の力を高めた人は結果、歴史に名を刻む偉人となったのだろう。

「倍音」は言葉を脳波に直結させ、実現させる

ロバート・モンローはある発見をする。

彼は、「ヘミシンク」で有名なモンロー研究所の創設者。

モンローは、右耳と左耳にわずかに異なる周波数の音を聞かせると、脳幹でその音の差が出ることに気づいた。**さらにその信号が両脳に伝わり、脳波が発生することがわかった。**ここからヘミシンクが生まれた。

ヘミシンクとは、「ヘミスフェリック・シンクロナイゼーション」の略語で、大脳の左右の半球が同調するという意味。たとえば、右耳に100ヘルツ、左耳に105ヘルツの音を聞かせれば、頭の中で5ヘルツの脳波が発生する。

実際、この手法は、古代から使われている。

ひとつはバロック音楽。バロック音楽は、バッハの「フーガの技法」をはじめ、パ

イプオルガンを用いて演奏されるものが多くある。このパイプオルガンは、教会そのものを使って音を反響させ、音の周波場を築く。**この周波場を通して、その場にいる人の頭に、脳波を発生させて、奇跡的な体験を促すのだ。**

同じように、日本の仏教や、神道にもこの手法が残っている。

仏教の儀式は、宗派によって異なることもある。ただ、大切な儀式ほど、右列と左列にわかれ、お経を唱える。**この右列と左列にわけて、お経を重ね、響かせることにより周波場を作っている。**

神道も同じだ。お神楽や、御饌《みけ》などのご祈禱《きとう》でも、**右列と左列にわかれ、祝詞や唱え言葉、雅楽などを重ね、響かせて、周波場を作る。**

先にも説明したように、日本のありとあらゆるものは、声が響かない音を吸収しやすい材質でできている。

声をしっかりと届けるために、倍音を作り出しただけでなく、じつは、この音の差分を作り、周波場を作っていたのだ。

倍音は、**私たちの言葉の力を倍増させる。**

ただの言葉から、脳波に直結する言葉へと変えるのだ。

だから、古代の人は、倍音を用いることでその力を倍増させていたのだ。

アファメーションを身にまとう日本古来の秘儀

2019年11月14日、15日。大嘗祭が行われた。

大嘗祭とは、新しい天皇陛下が天皇となるための儀式だ。毎年の新嘗祭が、新天皇が即位するときだけ、この儀式となる。

この宮中秘儀「大嘗祭」でもっとも重要とされるのが、神御衣《かむみそ》だ。

神御衣は、麻でできた「麁服《あらたえ》」と、絹でできた「繒服《にぎたえ》」のことだ。

この布に、天皇としての情報がインストールされることで神御衣となる。よって新天皇は、大嘗祭でこの神御衣をまとうことにより、新天皇となる。

私たちも同じようなことができる。

身にまとう「服」に情報をインストールする方法

1　あなたの未来に活躍しているときの理想の服を入手する
2　その服に、あなたが活躍しているときの言葉（アファメーション）をかけ、その理想の服にインストールさせる
3　その服を身にまとうことで、理想のあなたとなる

シンプルだけど、これは非常に効果的だ。

私の知人に、ファッションスタイリストがいる。ファッションを変えることによって、何人もの人が成功していくところを目の当たりにしている。

たとえば、年商1億円を超える物販会社の女性社長がいる。**この2年で、社員数は変わらず、売上は6倍の規模になった。**

この女性社長が成功した理由は、じつにシンプルだった。

服装を変えただけだったのだ。

これまで着ていた服は、ファストファッションか、スポーツウェアが主体だった。彼女はそのイメージを切に変えたいと思った。ある程度、事業が右肩上がりになってきて、専属スタイリストを雇ったのだ。

スタイリストに言われるがままに、ファッションを変えた。

そのファッションには秘密があった。

それは、その女性社長の未来を想像してコーディネートされていたのだ。

さらに、そのファッションには、未来、その社長が輝いている姿を想像し、「どんな評判になっているのか」という情報をインストールさせていたのである。

こうした事例はいくつもある。

大切なのは、未来の姿をファッションに取り入れることだ。

だが、ファッションを変えるだけでも効果がある。ファッションを変えるだけで、意識が変わる。服装を変え、眼鏡を変える。髪の毛を染める。

こうしたことをすることで、いままでのあなたと決別して、新たな自分を演出できるのだ。

たったこれだけでうまくいくなんて、と思われるかもしれない。多くの人は疑ってやらない。その結果、やった人だけがどんどん成功しているのだ。

あなたの未来の姿は、どんな姿なのか想像しよう。

そして、その姿になったときに、**周りからどんな噂《うわさ》をされているのか想像して、その言葉を服に吹き込もう。**

言葉によって、力を高められたファッションを身にまとうことで、あなたの新しい世界がはじまる。

未来、現在、過去を統合することで「出現する未来」

先ほどお話しした「大嘗祭」。平成と令和という時を統合する、儀式でもある。

前章で、大抵の人は「過去→現在→未来」という時間感覚の罠《わな》にハマっているから、それを「未来→現在→過去」と書き換えてみよう……とお話しした。

ただ、実際は両方大事だ。「過去→現在→未来」と「未来→現在→過去」その両方を合わせることにより、新たな私が生まれる。

それを合わせるには、やはり「感謝」だ。

【現在】あなたは、未来がよくなれと思っている
＝
【過去】あなたは、未来（現在）がよくなれと思っていた

現在は、未来に対して応援を送っている。
すると、過去から、未来だった現在に対して応援を受けていることにもなる。

では、「未来から応援を受ける」場合にはどうすればいいのか？
それは、あなたが過去の執着を手放して、感謝をすることだ。

【現在】あなたは、過去に感謝している
＝
【未来】あなたは、過去（現在）に感謝している

このように、現在から過去へ感謝することで、未来から、過去の現在へ感謝することになる。

未来への応援、過去への感謝をすることで、時を統合する。

だから、「ありがとう」と一言、あなたの過去に感謝しよう。この「ありがとう」の一言で、あなたの夢は動き出す。

大嘗祭で平成と令和が合わさり、新しい御代《みよ》が誕生したように、新しいあなたの世界が、感謝から生まれる。

〈EMPOWERの法則〉7	[新世界の誕生] のシーンのシナリオ作り

R (Resonance):新世界の誕生のシーン

あなたが夢をかなえることで、新たな世界が誕生する。
その世界は、あなたという存在の才能が開花することによって、
だれかが癒されたり、救われたりする世界。

M 言葉	あなたが才能を開花させ、夢をかなえることで 切り拓かれる世界はどのような世界だろうか?
U あなた	夢をかなえたあなたはどんなふうに満たされているだろうか? そしてどんな状態だろう? ファッション、周りにいる人、体の感覚、味覚、聴覚はどうだろうか? 何に感謝しているだろうか?
S シーン	夢を達成したあなたは、どこにいるだろうか? どんな場所でどんな感覚がするのだろうか?
E 感情	夢をかなえたあなたは、どんな感情を味わっているか?

夢をかなえるトレーニング

ステップ1 あなたは、「この夢をかなえる旅を通して、どんな世界を実現したいのか?」考えてみよう

ステップ2 これまでにイメージした、EMPOWERの言葉、シーン、感情をつなぎ合わせよう。それはあなたの夢をかなえるストーリーになる

ステップ3 「未来、現在、過去」を統合するため、過去の自分に感謝しよう

R

エピローグ

本居宣長が探った「言葉の力」

『古事記』の言葉の力を目覚めさせた人物

ここまで読んでいただき、ありがとうございます。

夢を書くとかなう、その秘密をあなたはもう知ってしまった。

最後に、言葉の力を存分に知り尽くした本居宣長についてお話ししたい。

この本の依頼を受ける前、私は仲間と共に伊勢神宮、熊野三社に参拝に行った。その帰り道、高速道路を走る中、突然、松阪によることになった。

松阪は、私が日本史上もっとも敬愛する、本居宣長が生まれ、育った場所だ。

伊勢神宮、熊野三社、そのご縁としてなのか、宣長の暮らした家に伺うことができた。また、そのときは運よく、1年に1週間しか公開していない宣長の自室がちょうど公開されており、私はその部屋に入り、夕日を浴びることができた。

それから、数か月経《た》って、前作『1冊20分、読まずに「わかる！」すごい読書術』を担当していただいた金子編集長から、「夢をかなえる」というテーマでの執筆依頼をいただいた。何か縁を感じた。

「夢をかなえる」で、まず浮かんだのが「言葉の力」。**言葉は、宣長の生涯のテーマであった。**

宣長は、いまの神道の礎を作った人だ。いまの神道は、宣長の研究をベースにして作られている。その象徴が日本の最古の神話が書かれた『古事記』。

昨今の神社ブームもあって、『古事記』を読まれる方も増えている。この『古事記』を約１０００年の時を経て、復活させた人だ。宣長は、『古事記』の研究をするにあたって、

「言葉は心であり、事柄である。人は言葉で知り、物を認識する。古代の言葉を知ることは、古代を知ることであった」

と捉え、もっとも古い文献『古事記』の読みを復活させた。

その研究は、すさまじいものであった。メンターの国学者、賀茂真淵に出会って研究をはじめてから、35年。『古事記伝』を見事に完成させることができた。

この完成は、真淵と宣長、2人の夢の実現であった。


一般には、『古事記』は黙読される方が多いが、本来は違う。

声に出してこそわかるのが「古事記（ふることふみ）」。

古事記は、稗田阿礼の暗唱したものを、太安万侶が記した祝詞という説もある。

つまり、古事記は、音の書物なのだ。

『古事記』の註釈書《ちゆうしやくしよ》である『古事記伝』には、宣長が35年かけて研究し、たどりついた古代の言葉の音がある。最古の文献である『古事記』の音を復活させることは、その当時に生きた人の言葉と文化がわかる。そう思い、宣長は生涯をかけた。

宣長は、この研究を通して、**やまとことばには、神が宿ることに気づいた。**一音一音を大切にした古代の人は、やまとことばを用い、夢をかなえるために、状態、シーン、感情を表現し、和歌を詠《うた》ったのだ。

日本の文化は、この言葉の力によって成り立っている。

〝おかげ〟の無限連鎖

また、宣長は感謝の人であった。感謝を言葉に出す人だった。

私たちは「〝おかげ〟の無限連鎖」によって成り立っている。

私たちは、先祖のおかげで生まれ、周りにいる人たち、つぎの世代の人たち、そして、言葉が書かれた物、自然……こうしたもののおかげで成り立っている。

皇大神宮の撤饌《てっせん》の中の箸袋には、「食事作法」と二首の歌が書かれている。食前食後に心を落ち着かせて座り、一拝一拍手ののち、それぞれ歌を詠み、いただきます（ごちそうさま）をする。

一、食前には、静座一拝一拍手

たなつもの　百《もも》の木草も　天照す　日の大神の　恵みえてこそ

（いただきます）

一、食事後　端座一拝一拍手

朝宵に　物くうごとに豊受の　神の恵みを　思へ世の人

（ごちそうさま）

この二首は、宣長が詠んだもの。『玉鉾百首』に載っている歌である。

宣長は、食事のたびに、天照大御神のおかげで万物の命がある、さらには、豊受大御神のおかげで食物を食べることができるのだから、感謝が大事と思っていた。

ありがとうの一言で夢はかなう

本居宣長記念館には、『恩頼図《みたまのふゆ》』という図が残っている。

この『恩頼図』は、宣長の学問の系譜が記されている。宣長がどのような恩やおかげを受けてできあがったのか描かれている図だ。

この『恩頼図』でおもしろいのは、メンターの賀茂真淵や契沖、知人、門下生だけでなく、命を授けてくれた吉野水分神社、両親、さらには、古代の紫式部、藤原定家、孔子の名まで書かれていることだ。そして、自分を批判してくれた荻生徂徠、伊藤東涯の名前もあるのだ。「この人たちのおかげで、自分がある」そう感じる図だ。

この図を見て、改めて「夢をかなえる」ということは、天、両親、メンター、先人、ライバル、ミューズ、仲間、そのおかげで成り立っていることを感じる。

最後に、この場を借りて、数々のメンター、友人たちに改めて感謝したい。

おかげ、感謝の精神こそが、言葉の力を高め、夢をかなえる秘けつのひとつであり、そして、つぎの世代へとつなげていくべき価値観だと思う。

だから、「ありがとう」の一言から一緒に夢をかなえよう。

あなたの夢を言葉にし、シーンを思い描き、感情を味わい、夢を現実化させよう。未来のあなたと過去のあなたと、そして現在のあなたの想《おも》いを共鳴させ、夢をかなえよう。

夢をかなえて、感謝の精神をつぎの世代に残していこう。

あなたの夢がかなうことを願って。

渡邊 康弘

参考文献リスト

◎一般書

・『非常識な成功法則』神田昌典 著（フォレスト出版）
・『ザ・シークレット』ロンダ・バーン 著／山川紘矢、山川亜希子、佐野美代子 翻訳（KADOKAWA）
・『ザ・マジック』ロンダ・バーン 著／山川紘矢、山川亜希子、佐野美代子 翻訳（KADOKAWA）
・『成功者の告白』神田昌典 著（講談社）
・『新訳 願えば、かなうエイブラハムの教え』エスター・ヒックス、ジェリー・ヒックス 著／秋川一穂 翻訳（ダイヤモンド社）
・『こうして、思考は現実になる』パム・グラウト 著／桜田直美 翻訳（サンマーク出版）
・『自動的に夢がかなっていくブレイン・プログラミング』アラン・ピーズ、バーバラ・ピーズ 著／市中芳江 翻訳（サンマーク出版）
・『アファメーション』ルー・タイス 著／苫米地英人 監修／田口未和 翻訳（フォレスト出版）
・『アラジン・ファクター 願いをかなえる成功のランプ』ジャック・キャンフィールド、マーク・ヴィクター・ハンセン 著／タカ大丸 翻訳（すばる舎）
・『絶対に成功を呼ぶ 25の法則』ジャック・キャンフィールド 著／植山周一郎 翻訳（小学館）
・『マーフィー 奇跡を引き寄せる魔法の言葉』ジョセフ・マーフィー 著／佳川奈未 監訳（日本文芸社）
・『人間は自分が考えているような人間になる』アール・ナイチンゲール 著／田中孝顕 翻訳（きこ書房）
・『宇宙を味方にしてお金に愛される法則』ボブ・プロクター 著／岩元貴久 監訳（きこ書房）
・『「原因」と「結果」の法則』ジェームズ・アレン 著／坂本貢一 翻訳（サンマーク出版）
・『お金持ちになる科学』ウォレス D. ワトルズ 著／松永英明 翻訳（ぜんにち出版）
・『宇宙に上手にお願いする「共鳴の法則」』ピエール・フランク 著／中村智子 翻訳（サンマーク出版）
・『潜在意識をとことん使いこなす』C・ジェームス・ジェンセン 著／大沢章子 翻訳（サンマーク出版）
・『望むものをひきよせる 心と宇宙の法則』ロバート・コリアー 著／中島薫 翻訳（サンマーク出版）
・『エメラルドタブレット』トート 著／M・ドリール 編／林鉄造 翻訳（霞ケ関書房）
・『驚天動地』アミット・ゴスワミ 著／喜多見龍一 監修／大空夢湧子 翻訳（ＶＯＩＣＥ）
・『成功心理１００』チャック・スペザーノ 著／栗原弘美 監修／佐藤志緒 翻訳（ＶＯＩＣＥ）
・『love your body』Louise Hay 著（Hay House Inc.）
・『声の文化史』原良枝 著（成文堂）

◎脳科学・ポピュラーサイエンス

・『残酷すぎる成功法則』エリック・バーカー 著／橘玲 監訳／竹中てる実 翻訳（飛鳥新社）

・『運はどこからやってくる？』ジャニス・カプラン、バーナビー・マーシュ 著／古賀祥子、森田由美 翻訳（サンマーク出版）
・『ブレイン・ルール』ジョン・メディナ 著／小野木明恵 翻訳（NHK出版）
・『図解でわかる 14歳から知る人類の脳科学、その現在と未来』インフォビジュアル研究所 著／松元健二 監修（太田出版）
・『大人のための図鑑 脳と心のしくみ』池谷裕二 監修（新星出版社）
・『マインドセット』キャロル・S・ドゥエック 著／今西康子 翻訳（草思社）
・『〈パワーポーズ〉が最高の自分を創る』エイミー・カディ 著／石垣賀子 翻訳（早川書房）
・『Think clearly　最新の学術研究から導いた、よりよい人生を送るための思考法』ロルフ・ドベリ 著／安原実津 翻訳（サンマーク出版）
・『潜在能力を最高に引き出す法』ショーン・エイカー 著／高橋由紀子 翻訳（徳間書店）
・『進化の意外な順序』アントニオ・ダマシオ 著／高橋洋 翻訳（白揚社）
・『天才たちの日課』メイソン・カリー 著／金原瑞人、石田文子 翻訳（フィルムアート社）
・『しらずしらず』レナード・ムロディナウ 著／水谷淳 翻訳（ダイヤモンド社）
・『チョムスキーと言語脳科学』酒井邦嘉 著（集英社インターナショナル）
・『成功するにはポジティブ思考を捨てなさい』ガブリエル・エッティンゲン 著／大田直子 翻訳（講談社）
・『UCLA医学部教授が教える科学的に証明された究極の「なし遂げる力」』ショーン・ヤング 著／児島修 翻訳（東洋経済新報社）
・『超一流になるのは才能か努力か？』アンダース・エリクソン、ロバート・プール 著／土方奈美 翻訳（文藝春秋）
・『セルフドリブン・チャイルド』ウィリアム・スティクスラッド、ネッド・ジョンソン 著／依田卓巳 翻訳（NTT出版）
・『POPULAR「人気」の法則』ミッチ・プリンスタイン 著／茂木健一郎 翻訳（三笠書房）

◎ビジネス書

・『プロフェッショナルの条件』P・F・ドラッカー 著／上田惇生 翻訳（ダイヤモンド社）
・『経営者の条件』P・F・ドラッカー 著／上田惇生 翻訳（ダイヤモンド社）
・『逆転の生み出し方』アダム・モーガン、マーク・バーデン 著／文響社編集部 翻訳（文響社）
・『渋谷ではたらく社長の告白』藤田晋 著（アメーバブックス）
・『クリエイティブ・スイッチ』アレン・ガネット 著／千葉敏生 翻訳（早川書房）
・『POWERS OF TWO 二人で一人の天才』ジョシュア・ウルフ・シェンク 著／矢羽野薫 翻訳（英治出版）

◎小説・マンガ・エッセイ

・『RiN（1）～（14）』ハロルド作石 著（講談社）
・『7人のシェイクスピア（1）～（10）』ハロルド作石 著（講談社）

- 『自由思考』中村文則 著（河出書房新社）
- 『夜を乗り越える』又吉直樹 著（小学館）
- 『自己プロデュース力』島田紳助 著（ヨシモトブックス）
- 『烏に単は似合わない』阿部智里 著（文藝春秋）
- 『烏は主を選ばない』阿部智里 著（文藝春秋）
- 『黄金の烏』阿部智里 著（文藝春秋）
- 『空棺の烏』阿部智里 著（文藝春秋）
- 『玉依姫』阿部智里 著（文藝春秋）
- 『弥栄の烏』阿部智里 著（文藝春秋）
- 『陰陽師』のようなロングセラーを書く秘訣を教えてください。夢枕獏×阿部智里（文春オンライン）
https://bunshun.jp/articles/-/2720

◎神事・文学

- 『聖書 聖書協会共同訳』（日本聖書協会）
- 『大嘗祭』吉野裕子 著（弘文堂）
- 『柳田國男全集13』柳田國男 著（筑摩書房）
- 『郷土研究』（郷土研究社）
- 『うたう天皇』中西進 著（白水社）
- 『天皇即位と大嘗祭』林博章 著（日本地域社会研究所）
- 『日本の祭と神賑』森田玲 著（創元社）
- 『渋沢栄一 上 算盤篇』鹿島茂 著（文藝春秋）
- 『渋沢栄一 下 論語篇』鹿島茂 著（文藝春秋）
- 『字通』白川静 著（平凡社）
- 『古事記伝（一）～（三）』本居宣長 撰（岩波書店）
- 『古今和歌集』紀貫之 他撰
- 『神樹と巫女と天皇』山下紘一郎 著（梟社）
- 『宣長にまねぶ』吉田悦之 著（致知出版社）

渡邊康弘（わたなべ・やすひろ）

人生実現コンサルタント。日本トップレベルの「読書家」。

青山学院大学経済学部卒。幼少期より、読書が大の苦手だったこともあり、二度大学受験に失敗する。20歳のときに神田昌典氏の本に出会い本が読めるようになり、人生が激変。ベンチャー企業の立ち上げに関わり、ゼロから8億の売上を作る（のちにマザーズ上場）。独立後、最新の脳科学、行動経済学、認知心理学を基にした独自の読書法「レゾナンスリーディング」を生み出す。この読書法は、10歳から91歳まで全国3500人以上が実践している。

年間の読書数は、（洋書含め）ビジネス書で2000冊、文芸書、実用書含め年間3000冊以上。「日本トップ5」に間違いなく入るほどの読書家。この膨大な読書量によりビジネス、歴史、科学、芸術、スピリチュアルに関するさまざまな知識をもつ。

「読書」というスキルを通して、その専門知識を実務レベルで実践。その結果、短期間で、驚くほどスキルレベルが向上する「研修プログラム」や個人の「自己実現のプログラム」などをつぎつぎと開発。そのコンテンツは高い評価を受けており、上場企業やベンチャー企業、地方の有力企業での講演多数。企業コンサルタントも務める。

読書の苦手な人をなくし、読書を通じて夢をかなえる人を増やすべく、書評などの読書情報の発信や読書イベント、海外著者との交流会を催すなど、読書文化を広げる活動を行っている。

著書に『1冊20分、読まずに「わかる!」すごい読書術』（サンマーク出版）。翻訳協力に『ビジネスモデルYOU』（翔泳社）、『イルミネート：道を照らせ。』（ビー・エヌ・エヌ新社）がある。

レゾナンスリーディングHP：https://www.resonancereading.com
メルマガ：https://www.resonancereading.com/magazine

言葉の力を高めると、夢はかなう

2020年1月30日　初版発行
2020年3月10日　第2刷発行

著　者　渡邊康弘
発行人　植木宣隆
発行所　株式会社 サンマーク出版
東京都新宿区高田馬場2-16-11
（電）03-5272-3166
印　刷　株式会社暁印刷
製　本　株式会社村上製本所

ISBN978-4-7631-3805-7 C0030
ホームページ　https://www.sunmark.co.jp